KB121923

얘들아, 생태환경 놀이 가자!

포스트 코로나 시대, 필수 미래교육

얘들아,
생태환경 놀이 가자!

김용만 지음

책장속
BOOKS

🌸 목차

PART 1. 교실 안에서 만나는 생태환경

PART 2. 학교에서 만나는 생태환경

PART 3. 학교 밖에서 만나는 생태환경

PART 4. 생태환경을 지키는 에코 라이프 실천하기

PART 5. 생태환경 지킴이가 되어 세상 밖으로!

부록_ 생태환경교육의 지도 방향

🌸 들어가는 말

생태환경교육에 대하여

2020년 지구에 등장한 조용한 습격자, 코로나19의 영향으로 전 세계는 정치·경제·사회·문화·교육 등 모든 분야에서 일제히 멈춤 상태가 지속되었다. 세상의 모든 사람들은 코로나19 바이러스의 대유행에 가던 길을 멈추고 잠시 집안에서, 사무실에서 전대미문(前代未聞)의 공포와 싸워야 했다. 그리고 오프라인 생활에 익숙했던 많은 사람들은 비대면의 온라인 생활에 익숙해져야 했다. 갑자기 나타난 코로나19 바이러스는 왜 인류의 발걸음을 멈추게 하였는지 사람들은 생각하기 시작하였다. 돌이켜보면 인류는 문명의 이기를 위하여 자연을 자기 방식대로 파괴하고 과도하게 훼손하였다. 그 과정에 지구는 이곳저곳에서 때아닌 몸살을 앓아 왔다. 이미 지구가 보내는 신호는 다양한 곳에서 나타났다. 지구 온난화로 인한 이상기후, 즉 증가하는 비 피해, 매년 심해지는 무더위, 건조해진 날씨로 발생하는 대규모 산불 등으로 말이다. 이러한 이상기후의 원인은 무엇일까? 원인을 찾은 다음, 우리 교육은 무엇을 할 수 있는 것일까?

지구를 구해야 한다. 지구환경을 살려야 한다. 그러기 위해서는 생태계를 복원하는 것이 무엇보다 중요하다. 개인에서부터 국가에 이르기까지 모든 지구촌 사람들은 생태환경교육이 필요하다는 것을 절실하게 느끼고 있다. 인간과 자연이 함께 상호작용하면서 공존하는 방법을 찾는 교육이 중요할 때이다.

이러한 교육을 받은 지금의 학생들이 성인이 되어 미래 사회를 이끄는 지도자가 되었을 때 자연과 인간의 공존을 말이 아닌 실천의 해법으로 제시할 수 있을 거란 믿음이 우리에게는 있다.

현재 가정이나 학교 현장에서는 생태환경교육이 제대로 이루어지고 있을까? 불행하게도 긍정적인 답을 줄 수 없어 안타깝다. 먼저 가정에서 자녀들에게 살아있는 생태환경교육이 이루어지고 있는가? 분리 배출되지 않는 쓰레기들, 넘쳐나는 가정용 일회용 용기들, 한 번 쓰고 버리는 일회용품들을 보면 제대로 된 생태환경교육이 이루어지고 있다고 볼 수 없다. 학교 현장으로 눈을 돌려 보면 생태환경교육이 독립적인 교과가 아닌 국어과·사회과·실과·과학과와 같은 관련 교과의 한 영역의 일부로 전락하여 지도되고 있는 한계를 가지고 있다. 생태환경교육이 제대로 이루어지기 위해서는 독립적인 교과에서 지도되어야 한다고 본다. 또한 선택이 아닌 필수 이수로 지정할 필요가 있다. 생태환경교육이 앞으로 우리 학생들에게 끼칠 영향력은 우리가 상상하는 것 이상일 것이다. 생태환경교육을 받고 자란 학생들은 자연과 인간의 공존을 생각하고 지속 가능한 발전을 생각하며 사회 전반의 다양한 분야에서 건강한 미래를 만들어 가는 데 큰 영향력을 발휘할 것으로 기대된다.

지난 수년간 학생들과 함께 산과 들, 학교 주변을 다니며 보고, 듣고, 만져 보며 느낀 '살아 있는 생태체험 활동'을 이 책에 담았다. 이러한 생태체험이 전국의 학부모님, 일선 유치원에서부터 초·중·고등학교에 이르기까지 학생들을 지도하는 선생님들과 지역사회의 전문가들에게 생태환경교육을 하는 데 좋은 길잡이가 되길 바라는 마음으로 이 책을 출판하게 되었다.

생태환경교육이란?

　생태환경교육을 하기 전 생태환경교육에 대한 개념을 한번 확인하는 시간을 가지는 것이 좋다. 우리는 생태교육, 환경교육, 생태환경교육 등을 혼용해서 많이 사용하고 있다. 하지만 이 책에서는 '생태환경교육'으로 용어를 통일해서 사용하고자 한다.

　생태환경에 대한 사전적 의미를 찾아 보면 다음과 같다.

생태교육(生態敎育)
사람과 자연 또는 환경이 서로 조화되며 공생할 수 있는 구체적인 실천 능력을 개발하기 위한 교육

　생태학(生態學, ecology)이란 생물과 환경의 상호작용을 연구하는 생물학의 한 분야로, 환경은 생물의 주변을 구성하는 생물적·비생물적 요소를 모두 포함한다.

생태환경교육(生態環境敎育)
인간 중심적 사고에서 벗어나 인간과 자연의 공존과 지속 가능성을 위해 생각과 행동의 총체적 변화를 추구하는 교육

　생태환경교육을 인간과 자연이 조화롭게 공존할 수 있는 지속 가능한 방법을 찾아가기 위한 교육이라고 정의한다.

　생태환경교육을 지도하기 위해 내용 구성은 어떻게 해야 할지, 지도 방법에는 어떤 것들이 있는지 살펴보면 다음과 같다.

생태환경교육 지도 내용

- 교육과정 분석을 통해 생태환경과 관련된 내용 추출
  (생태환경, 기후 위기 및 지구 온난화, 이상기후 대응 등)
- 추출된 요소를 바탕으로 관련된 개념과 내용을 유목화하여 교육과정 재구성
- 창의적 체험활동, 지역사회와 연계한 마을결합형(인적·물적) 교육과정 재구성 등
- 프로젝트, PBL(Problem-Based Learning), 토의 토론, 스마트 기기를 활용한 SW(SoftWare)교육 등
- 온책 읽기 활동, 연극 수업(역할 놀이), 생태환경 놀이, 생태탐사 활동, 책 출판하기

아이들의 시선에서 바라본 '생태환경'

생태환경교육에 들어가기 전, 학생들과 아래와 같은 활동을 하면서 생태환경에 대한 사전적 개념을 정리해 보는 것도 의미가 있다.

생태환경은 ○○이다.

이 활동을 할 때 학생들의 열린 사고 작용을 위하여 글자 수는 제한하지 않는 것이 좋다. 학생들의 생각을 보면 다음과 같다.

생태환경은 생명의 집이다.	생태환경은 생활이다.	생태환경은 필요이다.
생태환경은 보물이다.	생태환경은 생존이다.	생태환경은 아픈 우리이다
생태환경은 예쁜 꽃이다.	생태환경은 경제이다.	생태환경은 우리의 미래이다.
생태환경은 심장이다.	생태환경은 초록이다.	생태환경은 생명이다.

학생들의 답을 보면 창의력이 돋보인다. 특히 '생태환경은 <u>경제</u>이다'와 같이 정의 내린 학생의 답은 고차원적인 사고를 하고 있다는 것을 알 수 있다. 이와 같은 답을 한 학생에게 이유를 물어보았더니 환경을 보호하지 않아 훼손된 자연환경을 복구하는 데 드는 비용이 많아지기 때문에 환경을 보호하는 것이 결국엔 더 '경제적'이라는 아주 기발한 정의를 내린 것이다.

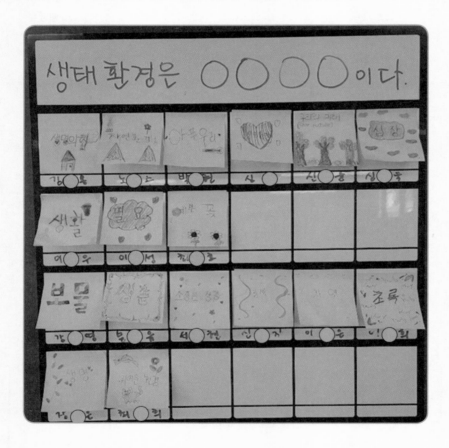

생태환경교육 연간활동 계획하기

  학생들과 만나기 전 교사는 한 해 동안 학생들과 함께 할 연간활동계획을 수립해야 한다. 연간활동계획은 교사가 당해 지도할 학년 교육과정을 분석하여 내용 요소를 추출하는 것부터 시작한다. 교육과정 분석을 통해 내용 요소가 추출되면 프로젝트명을 중심으로 프로젝트 활동을 유목화하는 작업을 한다. 그 다음 프로젝트 활동에 따라 관련 교과와 관련 단원 성취 기준을 연관시켜 넣는다. 마지막으로 활동 특성을 고려하여 활동 시기를 넣어준다. 생태환경교육의 특성상 4~7월까지 활동이 1차로 완성되고, 8~10월 2차 활동이 마무리될 수 있도록 계획을 세우는 것이 필요하다. 그 외 기간에는 학생들과 영상을 활용한 생태환경교육, 온책 읽기를 통한 생태환경교육 등을 계획할 수 있다.

[교육과정 분석을 통한 연간활동계획 수립 예시_부록 참조]

추천사

　차세대에게 물려줄 가장 중요한 유산을 꼽는다면 그것은 우리가 누렸던 자연 그대로의 환경이라고 할 수 있습니다. 환경교육의 절실함을 공감하고 지속가능한 발전 교육의 중요성과 실천을 지도하고자 한다면, 이 책은 그 로드맵이 되어줄 것입니다. 저자는 환경교육의 텃밭을 가꾸어 가는 현장연구자이며 본 도서는 저자의 실천적 연구과정을 엮어낸 강력한 노력이 담긴 책입니다. 이 책에서 소개하는 교육과정은 학생들이 자연 생태계를 이루는 개체들의 소중함을 공감하고 자연을 사랑하는 법을 경험하게 할 것입니다.

　생태환경교육을 실천한 이 책을 읽다 보면 맑은 숲, 자연의 공기가 가슴을 파고드는 상상을 하게 됩니다. 이 책에서 소개하는 교육과정을 하나하나 실행하다 보면 학생들은 이러한 '스며옴'을 체험하는 데에 이르게 될 것입니다. '지속 가능 발전 교육, 과연 무엇을 가르칠 것인가? 어떻게 가르칠 것인가? 어디까지 교육과정의 대상이 될 수 있을 것인가?' 이 책은 다음과 같은 명료한 메시지를 던집니다. 교실에서 출발하여 학교 안과 밖, 그리고 세상 속으로 범위를 확장하는 체험하는 생태교육을 통해 학생들을 자연 친화적 세계에 서게 하는 것입니다. 협력적으로 소통하며 놀이학습 형태의 참여형 수업으로 전개되는 체험적 교육과정을 통해 학생들은 생태환경보전의 중요성을 자연스럽게 체득할 것이며 그 결과는 실천력 강화로 이어질 것입니다.

환경교육은 지속적이며 진행형입니다. 이 책은 접하는 이에게 더 많은 상상력으로 새로운 교육과정의 재구성을 가능하게 해 줄 것입니다. 교육의 빛깔로 세상을 변화시키고자 하는 모든 이에게 이 책은 해법이 될 것이며, 새로운 시너지를 제공할 것으로 믿어 의심치 않습니다. 학생들에게 울림을 주는 환경교육을 실천하고자 하는 모든 분께 이 책을 추천합니다.

서울태랑초등학교 수석교사 김은숙

오랫동안 아이들과 함께 만드는 수업을 계획하고 연구하고 실천하며, 아이들과 함께 배움을 키워 오신 선생님을 옆에서 바라보면서, '아이들, 참 좋겠다'라는 생각이 들었습니다.

아이들의 삶의 터전인 마을에서 생태전환을 주제로 마을결합형교육과정을 고민하시면서, 아이들 눈높이로 내려가 아이들의 학습 경험을 디자인하시고, 마을과의 연계를 찾고, 그것을 수업과 연결시키고, 아이들의 소중한 추억을 담을 수 있도록 책을 만들어 주시는 모습은, 보는 것만으로도 참 좋았습니다.

교실에서 출발하여 학교로, 학교 주변과 아이들이 살고 있는 마을로 아이들의 관심을 넓히고, 그것을 삶과 연결할 수 있도록 맺어 주고, 나아가 행동하는 '작은 민주시민'으로 성장할 수 있도록 아이들이 쉽게 다가가는 시와 동화책과 만화책으로 만드는 일련의 프로젝트 활동은 더 이상 늦출 수 없는 생태전환교육과 민주시민교육의 좋은 모델로 의미 있게 다가왔습니다. 생태전환교육은 민주시민교육과 아주 밀접한 관련이 있기 때문입니다.

아이들은 가르치는 것만을 배우지 않습니다. 오히려 바라보고 경험한 것을 더 잘 배우는 것 같습니다. 새로운 시도를 멈추지 않는 선생님의 모습에서 아마도 아이들은 더 많은 것을 배우지 않았을까 짐작합니다.

책 출판을 축하드리며, 이것이 새로운 시도의 또 다른 출발점이 될 것이라 기대합니다.

서울발산초등학교 수석교사 윤수경

교과를 바탕으로 이론과 실제편으로 생태환경교육 관련 내용이 구성되어 있고, 교실(교구활용 활동/환경도서, 보드놀이, 염색, S/W, 뜨개질소품)-학교(체험 활동/식물, 상자논, 텃밭)-세상(생태탐사 활동/산과 들, 강, 습지, 논)-에코라이프 실천(플라스틱, 일회용품, 미세먼지, 기후 변화 등 환경 문제 관련) 및 환경지킴이의 역할로 확장되며 적용할 수 있는 다양한 방법과 내용들이 소개되어 생태환경에 관한 이야기의 흐름이 자연스레 연계되어 좋았습니다.

또, 생태환경에 내포된 '모든 것은 연결되어 있고 돌고 돈다'의 관계와 순환의 의미를 교육 대상에게 어떻게 잘 전달하고 일상에서 작은 실천으로 연결할 것인가와 코로나시대에 새로운 생태환경교육의 효율적 방법을 찾아 적용할 수 있는 온/오프라인 병행 교육(혼합형 학습 형태의 블렌디드 수업에 대한 설계 및 전/후 수업 활동)에 대한 고민을 좀 더 하게 되는 계기가 되었습니다.

아는 만큼 보이고,
자주 보면 좋아하게 되고,
좋아하게 되면 사랑하게 되고,
사랑하게 되면 지키게 된다는 말처럼...
작은 실천으로 지구환경을 잘 지켜나가는 현재의 우리들이면 좋겠습니다.

광교 생태환경체험교육관 교육팀장 김승미

1. 연극 무대 꾸미는 활동 장면
2. 낭독극 무대 공연 장면
3. 먹이사슬 놀이 활동 장면

PART I

교실 안에서
만나는
생태환경

1. 생태환경 이야기책 읽기

온책 읽기로 독서 활동의 중요성 알기

요즘 학생들은 한 달에 얼마나 많은 양의 책을 읽을까?

학생 연간 독서량 (권)

86.9 69.8 17.1 초등학생
25.5 20.1 5.4 중학생
12.5 8.7 3.7 고등학생

● 전체 ● 종이책 ● 전자책

문화체육관광부가 발표한 2019 국민독서실태보고서에 따르면, 우리나라 초등학생들의 연간 독서량은 86.9권(전자책 + 종이책)으로 한 달에 약 7권 정도이다. 중학교나 고등학교로 진학할수록 독서량은 급격히 줄어 중학생은 한 달에 2권, 고등학생은 1권을 읽는 것으로 나타났다.

책을 많이 보기만 한다고 아이들의 독서 능력이 높아지는 것은 아니다. 많은 아이들이 일부 내용만 대충 보고 넘어간다거나, 머리로는 다른 생각을 하고 눈만 책에 가 있는 식의 수박 겉핥기식 독서를 하고 있는 것이 현실이다.

독서, 양(量)보다는 질(質)이 중요하다

한 권의 책을 읽더라도 독서를 하고 난 후 자기 것으로 충분히 소화해내는 능력을 기르는 것이 독서에서 가장 중요하다. 이를 위해서 우리는 학생 수준에 맞는 책을 선정하고 독서 전, 독서 중, 독서 후 활동을 체계적으로 하는 것이 필요하다.

독서 전 활동	서점이나 책을 도서관에서 고를 때 책의 내용보다 표지, 제목, 목차를 읽어 보고 책을 고르는 연습을 해 보자.
독서 중 활동	책을 읽는 과정에서 부모님이나 선생님, 친구와 책을 함께 읽으면서 책의 내용에 대해 이야기해 보자.
독서 후 활동	책을 읽고 난 후 연극 활동(역할 놀이), 토론 활동, 주인공 인터뷰하기 등 그림이나 글로 책의 내용을 정리해 보자.

※ 위 세 가지 활동을 독서를 할 때마다 습관이 형성될 때까지 반복한다면 훌륭한 독자가 될 수 있다.

우리 마을 주변의 도서관이나 학교 도서관에 가면 생태환경교육에 활용할 만한 책을 쉽게 찾을 수 있다. 학부모나 교사는 도서관 사서 선생님을 통해 생태환경교육에 활용하기에 적합한 책을 추천받으면 좋겠다. 도서관에서 생태환경교육에 활용할 만한 책을 찾아보았다.

- 『산호초가 모두 사라지면?』 김황(2019), 풀과바람
- 『꼬물꼬물 갯벌 생물 이야기』 황근기(2009), 소담주니어
- 『자연의 소중한 선물 강』 르네 메틀러(2007), 키다리
- 『생명이 숨 쉬는 자연 산』 르네 메틀러(2007), 키다리
- 『가로수 밑에 꽃다지가 피었어요』 이태수(2014), 비룡소
- 『꼬마물떼새는 용감해』 권오준(2012), 보리
- 『남극에서 날아온 펭귄의 모험』 유재영(2016), 아주좋은날
- 『꿀벌들아 돌아봐』 홍기운(2015), 와이즈만BOOKS
- 『갯벌아, 미안해』 윤소연(2016), 아주좋은날
- 『나무들이 재잘거리는 숲 이야기』 김남길(2014), 풀과바람
- 『나무가 자라야 사람도 살지!』 김남길(2015), 풀과바람
- 『푸른 숲을 누가 만들었나?』 유다정(2014), 와이즈만BOOKS
- 『얘들아, 왜 지구가 아픈지 아니?』 안드레아스 슐룸베르거(2015), 토토북
- 『(살아 숨 쉬는 지구를 위한)생태환경 이야기』 한영식(2012), 미래아이
- 『푸른 사자 와니니』 이현(2015), 창비 ★온권 읽기 가능 도서
- 『갈매기에게 나는 법을 가르쳐준 고양이』 루이스 세뿔베다(2015), 바다출판사
  ★온권 읽기 가능 도서

환경부에서는 매년 '우수환경도서'를 선정하여 저자와 독자가 만날 수 있는 북콘서트 형식의 기념 행사도 추진한다.

[2020 환경부가 선정한 '우수환경도서' 책 목록_ 부록 참조]

학교 도서관에 있는 책 중에 학생들이 온책으로 읽을 만한 책을 두 권 선정하여, 한 학기에 1권씩 읽을 수 있도록 지도한다. 1학기에는 <푸른 사자 와니니>, 2학기에는 <갈매기에게 나는 법을 가르쳐준 고양이>를 선정하였다.

《푸른 사자 와니니》 온책 읽기 활동

 《푸른 사자 와니니》의 간단한 줄거리는 주인공인 와니니가 억울한 사건으로 사자 무리에서 쫓겨나 방황하다가 친구들을 만나서 정글에서의 삶을 이어나가는 이야기이다.

✿ 활동 가이드

《푸른 사자 와니니》 읽기 전 활동

단계 1
❶ 배경지식 활성화하기
❷ 책의 앞·뒤표지, 차례를 보고 질문 만들기

단계 2 차례 중 하나를 골라 이야기 만들기

단계 3 책에서 가장 궁금한 부분을 그림으로 표현하기

《푸른 사자 와니니》 읽기 중 활동

단계 1
❶ [1장 해 뜰 무렵] 초원의 삶과 우리 삶을 비교해 보기
❷ [1장 해 뜰 무렵] 리조트와 사파리 관광은 꼭 필요한가?

단계 2 [2장 마디바의 아이들] 등장인물 탐구하기- 인물의 장점을 찾아 보기

단계 3 [3장 듣고 싶지 않은 말] 가치 수직선 토론하기

단계 4 《푸른 사자 와니니》 인물 관계도를 그려 보기

《푸른 사자 와니니》 읽기 후 활동

단계 1 인물이 추구하는 삶과 나의 선택을 적어 보기

단계 2 《푸른 사자 와니니》에서 토론하고 싶은 논제를 찾아 보기

단계 3 낭독극으로 꾸밀 장면을 극본으로 써 보기

단계 4
❶ 등장인물 가면 만들기
❷ 낭독극을 위한 무대 배경 꾸미기

🍁 활동 내용

《푸른 사자 와니니》 읽기 전 활동

 단계 1

❶ 배경지식 활성화하기

사자 또는 암사자라는 단어를 중심으로 떠오르는 이미지를 자유롭게 생각 그물로 표현해본다.

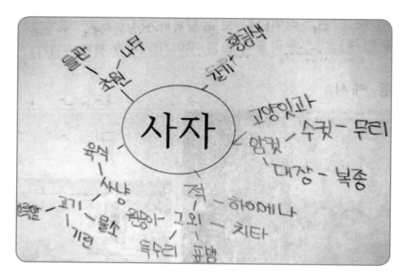

❷ 책의 앞·뒤표지, 차례를 보고 질문 만들기

《푸른 사자 와니니》 책의 앞·뒤표지, 차례를 보고 질문을 5개 정도 만들어 보자.

1. 책 표지에 와니니가 쓰고 있는 노란색 왕관은 무슨 의미일까?
2. 이 책의 지은이는 우리나라 사람일까?
3. 책 제목이 왜 '푸른 사자 와니니'일까?
4. 표지에 나오는 사자 네 마리는 누구일까?
5. '나는 약하지만 우리는 강해!'라는 말은 무슨 의미일까?

단계 2

차례 중 하나를 골라 이야기 만들기

제목에 어울리게 짝과 한 문장씩 돌아가면서 이야기를 만들어 보자.

・우리가 고른 차례 : (5. 가장 무거운 벌 (P.53))

아직 어린 아기사자 와니니는 무리의 법칙을 잘 알지 못했다. 결국 무리의 법칙에 어긋나는 행동을 하게 된다. 다들 심각한 상황 중에 말라이카가 비웃는 소리가 들렸다. 마디바가 크게 꾸짖은 것도 무서웠지만 말라이카가 자신을 비웃는 것도 정말 화가 났다. 와니니는 복수를 계획했다. 다른 사자들이 잠들었을 때, 말라이카를 깨워 하이에나 무리로 슬금슬금 다가가 누가 더 겁쟁이인지 밝히기 위험이었다. 물론 와니니는 가지 않았다. 와니니는 무리 끝에서 기다리면서, 말라이카가 밥에 질린 표정으로 돌아올 것을 기대하면서 기다리고 있었다. 그

 단계 3

책에서 가장 궁금한 부분을 그림으로 표현하기

왜 와니니가 작고 쓸모없어 보인다고 생각했을까?

《푸른 사자 와니니》 읽기 중 활동

❶ [1장 해 뜰 무렵] 초원의 모습과 우리들의 모습을 비교해 보기

	초원의 모습	우리(인간)들의 모습
다른 점	• 직접 사냥해서 먹는다. • 그들만의 신호로 대화한다. • 야생에서 살아간다.	• 마트에서 음식이나 물건을 산다. • 언어로 소통한다. • 개발을 한다.
비슷한 점	• 하나의 공동체로 살아간다. • 보살펴 주는 부모가 있다.	

❷ [1장 해 뜰 무렵] 리조트와 사파리 관광은 꼭 필요한가?

자신의 생각을 정리해 보자.

찬성	반대
필요하다고 생각한다. 아프거나 멸종 위기 동물들을 보호할 수 있기 때문이다.	필요가 없을 것 같다. 사람에게 길들여져 있지 않아서 위험할 수 있다. 관광을 하려면 길을 만들어야 해서 나무를 베어야 하는데, 이때 자연이 훼손된다. 동물들은 사람들이 주는 먹이를 먹게 되면 싸움 능력, 사냥 능력이 퇴화되어 야생에서 잘 살아 갈 수 없다.

[2장 마디바의 아이들] 등장인물 탐구하기- 인물의 장점을 찾아 보기

등장인물의 성격을 그래프에 그려서 비교해 보고, 나의 성격도 표현해 보자.

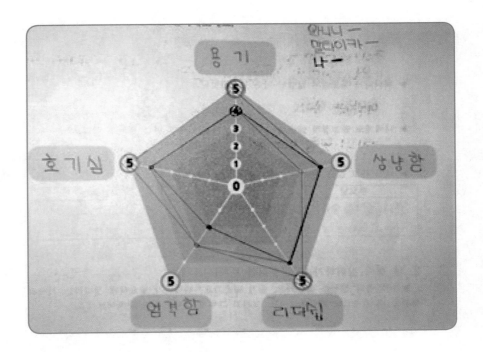

🌏 단계 3

[3장 듣고 싶지 않는 말] 가치 수직선 토론하기

마디바의 행동은 옳은가? 옳지 않은가? 마디바가 중요하게 생각하는 가치와
행동을 내 기준으로 판단해 보고, 그렇게 생각한 이유를 써 보자.

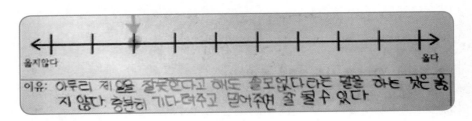

단계 4

《푸른 사자 와니니》인물 관계도를 그려 보기

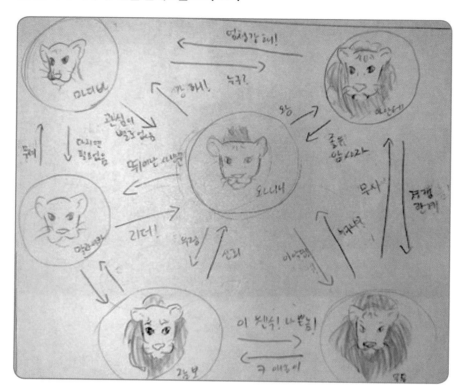

《푸른 사자 와니니》읽기 후 활동

 단계 1

인물이 추구하는 삶과 나의 선택을 적어 보기

인물이 추구하는 삶과 내가 추구하는 삶을 적어 보자.

단계 2

《푸른 사자 와니니》에서 토론하고 싶은 논제 찾아 보기

- 집단생활에서 살아남기 위해서 마디바가 푸른 사자 와니니를 쓸모없는 아이 라고 말하면서 무리에서 내친 것은 옳은 일인가?
  (약육강식의 동물 세계에서 필요하다 vs 강자는 약자를 보호해야 한다)
- 사파리 관광은 꼭 필요한가? (생태 보존 vs 동물 인권)

 단계 3

낭독극으로 꾸밀 장면을 극본으로 써 보기

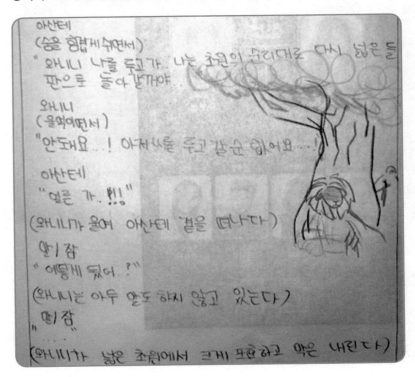

❶ 등장인물 가면 만들기

등장인물의 특성을 살려 가면을 만들어 보자.

❷ 낭독극을 위한 무대 배경을 꾸미기

《갈매기에게 나는 법을 가르쳐준 고양이》 온책 읽기 활동

《갈매기에게 나는 법을 가르쳐준 고양이》는 루이스 세뿔베다가 글을 쓰고, 유왕무가 우리말로 옮기고, 이억배가 그림을 그린 순수 환경 동화이다. 주인공인 고양이 소르바스는 기름으로 오염된 바닷물 때문에 죽어가는 어미 갈매기 켕가의 부탁으로 갈매기의 알을 맡으면서 새끼 갈매기 아포르뚜나다에게 나는 법을 알려주게 되는데, 그 과정에서 생기는 일들을 잔잔하게 풀어나가는 이야기이다.

이 이야기는 동물들의 눈에 비친 인간 사회의 모습을 잘 묘사하고 있으며, 특히 환경에 관한 문제 인식도 함께하고 있어서 학생들과 함께 생태환경교육용 온책 읽기 교재로 채택하기에 적합하다고 본다.

🍁 활동 가이드

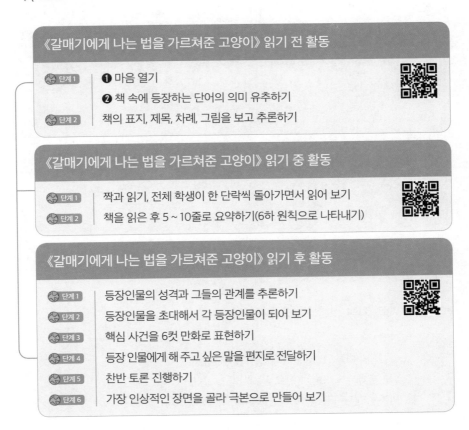

《갈매기에게 나는 법을 가르쳐준 고양이》읽기 전 활동

단계1 ❶ 마음 열기
❷ 책 속에 등장하는 단어의 의미 유추하기
단계2 책의 표지, 제목, 차례, 그림을 보고 추론하기

《갈매기에게 나는 법을 가르쳐준 고양이》읽기 중 활동

단계1 짝과 읽기, 전체 학생이 한 단락씩 돌아가면서 읽어 보기
단계2 책을 읽은 후 5 ~ 10줄로 요약하기(6하 원칙으로 나타내기)

《갈매기에게 나는 법을 가르쳐준 고양이》읽기 후 활동

단계1 등장인물의 성격과 그들의 관계를 추론하기
단계2 등장인물을 초대해서 각 등장인물이 되어 보기
단계3 핵심 사건을 6컷 만화로 표현하기
단계4 등장 인물에게 해 주고 싶은 말을 편지로 전달하기
단계5 찬반 토론 진행하기
단계6 가장 인상적인 장면을 골라 극본으로 만들어 보기

🍁 활동 내용

《갈매기에게 나는 법을 가르쳐준 고양이》 읽기 전 활동

 단계 1

❶ 마음 열기

❷ 책 속에 등장하는 단어의 의미 유추하기

갈매기, 유조선, 고양이, 엄마, 날다, 백과사전, 알, 시인 등의 단어를 이용하여 이 책의 이야기를 미리 완성해 보자.

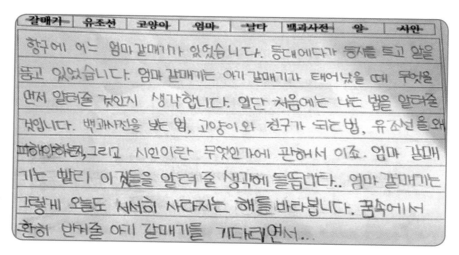

| 갈매기 | 유조선 | 고양이 | 엄마 | 날다 | 백과사전 | 알 | 시인 |

항구에 어느 엄마 갈매기가 있었습니다. 등대에다가 둥지를 틀고 알을 품고 있었습니다. 엄마 갈매기는 아기 갈매기가 태어났을 때 무엇을 먼저 알려줄 것인지 생각합니다. 일단 처음에는 나는 법을 알려줄 것입니다. 백과사전을 보는 법, 고양이와 친구가 되는 법, 유조선을 왜 피해야하는지, 그리고 시인이란 무엇인가에 관해서 이죠. 엄마 갈매기는 빨리 이것들을 알려 줄 생각에 들뜹니다.. 엄마 갈매기는 그렇게 오늘도 서서히 사라지는 해를 바라봅니다. 꿈속에서 환히 반겨줄 아기 갈매기를 기다리면서...

 단계 2

책의 표지, 제목, 차례, 그림을 보고 추론하기

1. 아기 갈매기를 고양이들이 돌봐 주고, 나는 법을 가르쳐 줄 것 같다.
2. 아기 갈매기의 이름이 아포르뚜나다인 것 같다.
3. 비행을 가르쳐 준 고양이 중 한 마리의 이름이 소르바스인 것 같다.
4. 인간(시인)도 비행을 도와주는 것 같다.

《갈매기에게 나는 법을 가르쳐준 고양이》 읽기 중 활동

 단계 1

짝과 읽기, 전체 학생이 한 단락씩 돌아가면서 읽어 보기

 단계 2

책을 읽은 후 5~10줄로 요약하기(6하 원칙 나타내기)

펠리컨에게 잡아먹힐 뻔한 고양이 소르바스는 한 소년에게 구조되어 소년의 집에서 편안하게 살아가던 중 기름으로 오염된 바닷물 때문에 죽어가는 어미 갈매기 켕가를 만나 그의 알을 맡게 된다.

소르바스는 어미 갈매기의 부탁대로 여러 가지 어려움을 이기고, 항구의 다른 고양이들의 도움을 받아 새끼 갈매기를 탄생시킨다. 소르바스를 자신의 어미라고 믿었던 새끼 갈매기 아포르뚜나다는 날기를 거부하다가, 자신이 고양이가 아니라 갈매기라는 것을 알게 되어 슬퍼한다. 하지만 소르바스를 통해 서로 다른 존재라도 사랑할 수 있고, 갈매기는 갈매기의 운명을 따를 때 행복하다는 것을 받아들인다. 소르바스와 항구의 고양이들은 아포르뚜나다에게 날기를 가르치지만 실패하고 결국 고양이 세계의 금기 사항을 어기고 인간과 소통하는 방법을 선택한다. 시인과 고양이 소르바스에게 나는 법을 배운 갈매기 아포르뚜나다는 하늘을 나는 것에 성공한다.

《갈매기에게 나는 법을 가르쳐준 고양이》 읽기 후 활동

단계 1

등장인물의 성격과 그들의 관계를 추론하기

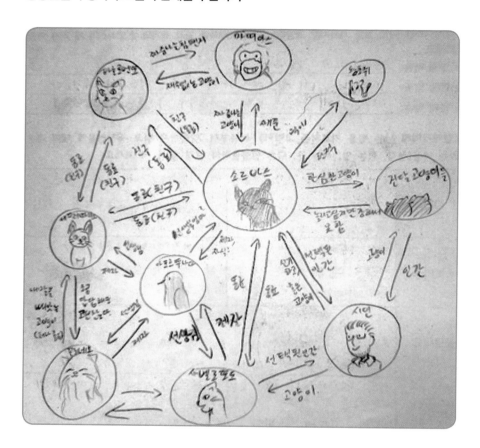

단계 2

등장인물을 초대해서 각 등장인물이 되어 보기

등장인물을 초대하여 각 등장인물의 입장에서 생각해 보는 시간을 갖는다.

단계 3

핵심 사건을 6컷 만화로 표현해 보기

75~103쪽을 읽고 가장 인상 깊은 장면을 등장인물과 일어난 사건이 잘 드러나게 6컷의 만화로 표현해 보자.

 단계 4

등장인물에게 해 주고 싶은 말을 편지로 전달하기

113~132쪽을 읽고 '아포르뚜나다'에게 해 주고 싶은 말을 편지로 전달해 보자.

단계 5

찬반 토론 진행하기

찬반 토론을 위하여 논제를 정하고, 토론 역할(찬성팀, 반대팀, 사회자, 판정단)을 나누어 찬반 토론을 해 보자.

> 학생이 18명이라고 가정했을 때 사회자 1명, 판정단 5명, 찬성팀 6명, 반대팀 6명으로 나눠서 각자 논제에 대한 논거를 준비해 올 수 있도록 지도한다. 자세한 찬반 토론 수업에 대한 방법은 <온책 읽고 토론하기>를 참고하면 된다.

 단계 6

가장 인상적인 장면을 골라 극본으로 만들어 보기

제목 : 켕가의 마지막 비행

■ 때 : 햇빛이 따뜻한 어느날   ■ 곳 : 소르바스네 집 발코니
■ 나오는 사람 : 소르바스, 켕가
해설

몸집이 큰 검은고양이 소르바스는 정체를 알 수 없는 비행물체가
윙윙소리를 내며 전속력으로 자신에게 다가오며 떨어지는 것을 본다.
그는 벌떡 일어섰고 발코니에 떨어지는 갈매기를 가까스로 피한다.
매우 더럽고 지저분한 갈매기다. 몸통 전체가 검고 매캐한 냄새가
나는 물질로 흠뻑 젖어 있다.
소르바스는 갈매기에게 가까이 다가간다.
갈매기는 날개를 접으며 일몸을 일으키려고 애쓰고 있다.

소르바스 : (정중은 말투로) 그다지 우아한 착륙은 아니군.
켕 가 : (기운없는 목소리로) 미안해. 어쩔수가 없었어.
소르바스 : (걱정스런 듯이) 오아하니 몰골이 꽤나 엉망진창인군. 온몸에 묻은게
워니? 악취가 심한데!
켕카 : (처량하게) 검은 파도에 휩쓸렸어, 바다의 재앙덩어리 말이야
나는 곧 죽게 될거야.
소르바스 : 죽는다구? 그런 소리 마. 너는 단지 피곤하고 약간 지저분할 뿐
이야. 그게 전부야. 그런데 이왕이면 동물원으로 날아가는게 어떻겠니?
거긴 너를 도와줄 수의사들도 많아.
켕가 : (거의 들리지도 않을 만큼 가느다란 목소리로) 그럴 수가 없어.
이게 내 생애 마지막 비행이었어.
소르바스 : (애원하듯) 너는 죽지 않을 거야. 잠깐 쉬고 나면 금방 회복될
거야. 배고프지? 기다려. 내가 먹을 것 좀 가져올. 테니까 즉으면
안 돼. 이 와, 난 널 돕고 싶어. 하지만 방법을 모르겠거든. 뗀든
갈매기를 어떻게 치료하는지 알아오고 올 테니까, 그 동안
푹 쉬고 있어.

2. 생태환경 온책 읽고 토론하기

책을 읽고 난 후 그 책 내용에서 토론 주제를 정하여 가족끼리, 친구끼리 토론하는 활동은 독서의 가치를 두 배 이상 높이는 활동이다.

토론 활동은 어떻게 하는 것이 좋을까?

책을 읽은 후 학생들과 먼저 책에 관한 이야기로 토론의 시작을 열어 보자.

1. 여러분이 이 책의 주인공이었다면 어떤 기분이 들었을까?
2. 나와 다른 모습을 한 친구들을 볼 때 우리는 어떻게 행동하고 말해야 할까?

위와 같이 학생들과 토론 수업을 시작할 때 책 속의 한 사건이나 문장을 중심으로 학생들이 스스로 주인공이 되어서 말해 보는 활동으로부터 시작하는 것이 좋다. 그 다음에 책 밖의 세상 속에서 우리가 부딪히는 다양한 문제들에 대해 책 속에서 토론 주제를 찾아 이야기를 나눠가는 것이 좋다.

동물원 동물은 행복할까?

《동물원 동물은 행복할까?》 책의 저자 로브 레이들로는 야생 동물 보호 운동 활동가로, 야생 동물 보호단체인 주체크 캐나다(Zoocheck Canada)의 설립자이다. 이 책은 저자가 전 세계 동물원을 1000번 이상 탐방한 내용을 기록한 것으로 동물원에 갇혀 지내는 야생 동물에게 어떤 문제가 일어나고 있는지 생생하게 알려 주고 있다. 그동안 국내에 소개된 동물원 책이 동물원의 역사나 즐거운 모습만을 이야기했다면 이 책은 동물원의 숨겨진 진실을 고발한다. 이를 통해 '왜 동물원 동물은 자거나 멍하게 앉아 있기만 하나? 좁은 공간에 갇혀 이상행동을 보이는 야생 동물을 보는 일이 교육적인가? 동물원 동물은 행복할까?' 등 사람들이 애써 외면하는 질문을 던진다.

토론 주제를 학생들이 직접 찾아볼 수 있게 하는 것이 중요하다. 이 책의 제목을 그대로 토론 주제로 사용한다면 <동물원 동물은 행복할까?> 라는 논제를 그대로 사용해도 된다. 하지만 여기서 더 나아가 동물원의 필요성에 대해 찬반 토론을 할 수도 있다. 이럴 경우 <동물원은 꼭 필요한가?> 라는 논제가 적합할 수 있다. 좀 더 나아가 동물원이 필요하다고 주장하는 측에서는 동물 보호의 기능과 인간과 동물이 조화로운 공존에 기여한 바가 크다는 주장이 있을 수 있다. 반면, 동물의 '보호'보다는 '관람'에 중점을 둔 공개적 사육 시설은 폐지되어야 마땅하다고 주장하는 반대측 주장도 있다.

초등학교 중학년 이상의 학생들을 대상으로 한 토론 수업에서는 학생들 스스로 토론 주제를 정해 보고, 토론 역할을 나눠서 토론해 보는 것이 중요하다. 토론 역할로는 찬반 토론을 기준으로 사회자 1명, 찬성팀 6명, 반대팀 6명, 판정단 4명으로 정할 수 있다. 인원수는 학급 학생들의 수에 따라 찬성팀과 반대팀을 더 넣거나 뺄 수 있다. 또한 찬성팀과 반대팀을 고정하지 않고, 2회 정도의 토론을 거치고 나면 역할을 바꿔서 토론하는 것이 효과가 크다.

　고학년의 경우 토론 수업에서 자신의 주장에 대한 타당한 근거(논거)를 들어 주장하는 연습을 하는 것이 무엇보다 중요하고, 친구의 주장에 대해 타당한 근거를 제시하는지 여부를 따져가면서 비판적으로 듣는 연습을 하는 것 또한 중요하다. 때로는 상대방의 의견에 공감하는 능력도 필요하다.

[교과과정에서 연계 지도할 수 있는 토론 수업_부록]

토론 수업 활동 - 사파리 관광은 꼭 필요한가?

❀ 활동 가이드

《푸른 사자 와니니》토론 전 활동

단계 1	《푸른 사자 와니니》를 읽고 토론 주제를 찾아보기
단계 2	토론 주제 중 토론하기 가장 적합한 주제를 선택하기
단계 3	토론을 위한 역할 나누기 (사회자, 찬성팀, 반대팀, 판정단)
단계 4	자신의 역할에 맞는 토론 준비하기 (자료 조사)

《푸른 사자 와니니》토론 중 활동

| 단계 1 | 찬반 토론 규칙 알아 보기 |
| 단계 2 | 찬반 토론하기 |

《푸른 사자 와니니》토론 후 활동

| 단계 1 | 토론 소감 말하기 |
| 단계 2 | 부모님 혹은 선생님의 강평 및 자기 평가 |

🍁 활동 내용

《푸른 사자 와니니》토론 전 활동

🌏 단계 1

《푸른사자 와니니》를 읽고 토론 주제를 찾아보기

학생들이 책을 읽고 생태환경 주제로 토론할 논제를 찾아보는 활동을 한다.

🌏 단계 2

토론 주제 중 토론하기 가장 적합한 주제 선택하기

모둠별로 찾은 주제를 하나 선정하고 난 후 친구들 앞에 나와서 모둠별로 논제를 적어 놓고 투표를 통해 최종 토론 주제를 정한다.

> **사파리 관광은 꼭 필요한가?**

🌏 단계 3

토론 역할 나누기(사회자, 찬성팀, 반대팀, 판정단)

토론을 하기 전에 각자의 역할을 정하는 것이 중요하다. 먼저 사회자를 1명 정한다. 사회자는 전체 토론을 이끌어가는 역할이므로 지도력이 있는 학생으로 선정하는 것이 좋다. 판정단은 소극적인 학생들이 들어가면 좋고, 판정단 중 판정단을 대표하는 역할을 하는 학생을 1명 선정하는 것이 좋다. 마지막으로 찬성팀과 반대팀은 적절하게 남은 학생을 반으로 나눠서 배정한다. 토론을 2회 정도 하고 찬성팀과 반대팀을 바꿔서 토론하면 좋다.

단계 4

자신의 역할에 맞는 토론 준비하기(자료 조사)

찬성 측 의견	반대 측 의견
a. 멸종 위기의 동물을 증식하며 보존한다 인간에 의한 생태계의 파괴는 이미 상당 기간, 많은 부분에서 지속되었다. 이는 인간이라는 종을 위해 어쩔 수 없는 선택이었고, 인간을 포함한 모든 동물의 본성이다. 지금 상황에서 인간이 동물을 위해 할 수 있는 현실적인 대안은 자연 상태와 최대한 가까운 환경을 조성하고 이를 관리, 보호할 수 있는 '좋은 사파리 관광'이 될 것이다.	**a. 인간의 여가 활동을 위해 만들어진 감옥이다** 사파리 관광은 인간을 위한 공간일 뿐이다. 인간의 편의와 여가를 위해 다른 동물을 희생시키는 행위를 더 이상 방치해서는 안 된다. 어떤 인위적인 환경도 자연 상태의 동물보다 행복할 수는 없다. 동물의 본성을 인간을 위해 제한하는 행위는 인간을 위한 이기적인 행동, 그 이상도 그 이하도 아니다.
b. 동물과 인간의 최소한의 교감 사파리 관광의 동물들은 자연 상태에서 자의, 타의에 의해 밀려난 동물들도 많다. 이를 보호하며 안락한 환경을 조성해 주고, 이를 통해 인간과 동물의 최소한의 교류와 교감도 이룰 수 있다. 도리어 사파리 관광의 순기능은 윤리적인 동물과의 공존에서 그 의미를 찾을 수 있다.	**b. 생태계 파괴의 면죄부 역할을 수행한다** 사파리 관광의 동물은 행복하지 못하다. 단지 인간의 필요에 의해 '행복할 것이다'라며 스스로 면죄부를 부여하기 위한 장소일 뿐이다. 인간이 동물을 위해 해야 할 일은 생태계 파괴를 피할 수 없으니 사파리 관광에서라도 '보호하자'가 아니라 생태계 파괴를 이제는 '멈추자'이다.

《푸른 사자 와니니》 토론 중 활동

 단계 1

찬반 토론 규칙 알아보기

토론을 시작하기 전 사회자는 아래 내용을 안내한다.

1. 토론에 집중한다.
2. 말하는 순서를 지킨다.
3. 상대편의 주장을 끝까지 듣는다.
4. 구체적인 근거 자료를 들어 주장한다.
5. 심사자는 판정의 원칙과 기준을 가지고 심사한다.
6. 정해진 시간을 잘 지킨다.

 단계 2

찬반 토론 하기

토론 대형은 ㄷ자 형태로 구성하고 사회자가 맨 앞에 위치하며 좌우 양쪽에 찬성 측과 반대 측이 서로 마주 보고 앉는다. 판정단은 사회자와 마주 보는 자리에 자리한다.

찬반 토론 하기

① 사회자의 상황 제시 & 입장 결정	사회자(▶) : 지금부터 '사파리 관광은 꼭 필요한가?'라는 논제로 찬반 토론을 시작하겠습니다. 사파리 관광이 필요하다고 주장하는 측에서는 동물의 보호의 기능과 인간과 동물이 조화로운 공존에 기여한 바가 크다는 주장이 있습니다. 반면, 반대측에서는 사파리 관광은 동물의 '보호'보다는 '관람'에 중점을 두었기 때문에 사파리 관광을 멈춰야 한다고 주장하고 있습니다. 사파리 관광은 꼭 필요한 것인가에 대해 오늘 찬성 측 입장과 반대 측 입장으로 나눠 토론해 보도록 하겠습니다. **토론에 앞서 판정인은 자신의 입장을 결정하여 찬반 유보 신호 등을 들어 주시기 바랍니다.** 토론에서의 역할을 정해 주시기 바랍니다.	
② 입안 (주장 펼치기) 4분	▶지금부터 입안을 시작하겠습니다. 입안 시간은 각각 2분씩입니다. 먼저 찬성 측부터 입안을 시작하여 주십시오. ▶다음은 반대 측에서 입안을 시작하도록 하겠습니다.	◆찬성 측 입안 '사파리 관광은 꼭 필요하다'라는 논제에 대하여 찬성하는 입장에서 이야기를 펼쳐 나간다. ◆반대 측은 '사파리 관광은 꼭 필요하지 않기 때문에 없애야 한다'를 근거로 하여 의견을 펼친다.
③ 작전 타임 2분	▶2분간 협의 시간을 갖겠습니다. 팀별로 반론 펴기를 준비해 주십시오.	
④ 반론 4분	▶자 이제 작전 타임을 마치고 상대 측이 입안에서 발표한 내용들 중, 부족한 점이나 옳지 못한 점들에 대하여 근거를 제시하면서 반론을 하겠습니다. ▶찬반 토론의 꽃은 '반론'이니 만큼 침착하고 논리적으로 토론에 임하여 주시기 바랍니다 ▶반론은 입안에서와 같이 찬성 측, 반대 측의 순서로 시작하겠으며, 반론 시간은 각각 2분씩입니다.	◆상대 측이 발표한 내용들에 근거하여 부족한 점이나 그릇된 점들에 대하여 비판적으로 반론을 진행한다. ◆판정인 학생들도 반론에서 어떤 다양한 관점의 생각들이 오고 가는지 유심히 살펴보고 판정하는 데 귀한 자료로 활용한다.

⑤ 반론 교차 질의 2분	▶지금부터 반론 교차 질의가 있겠 습니다. 교차 질의는 찬성 측의 질 문을 시작으로 상호 질의 및 응답 순으로 진행되겠으며, 교차 질의 시간은 2분입니다.	◆상대 측의 반론에 대하여 핵심을 찌르는 질문과 답변으로 상호간에 응답을 한다. ◆간략한 질문과 답변으로 논리 대 결을 더욱 분명하게 하고, 역동적 인 토론이 전개되도록 한다.
⑥ 요약 4분	▶지금까지 입안과 반론을 통해 찬 성 측과 반대 측의 주장을 들어 보 았습니다. 대립되는 쟁점을 중심 으로 각각 2분 안에 찬성 측부터 주장을 요약하여 주십시오.	◆입안과 반론 과정에서 중요하게 대립점을 형성한 쟁점을 도출하여 자기 측에 유리하게 요약하고, 불 리한 점은 방어하며 상대방의 약 점을 효과적으로 드러낸다. ◆입안과 반론 부분에서 하지 못했 던 내용이나, 그때 생각하지 못했 던 것들을 요약해서 확실하게 발 표한다.
⑦ 전체 교차 질의 2분	▶지금부터 전체 교차 질의가 있겠 습니다. 전체 교차 질의는 찬성 측 의 질문을 시작으로 토론자 모두 가 참여하여 상호 질의 및 응답 순 으로 진행되겠으며, 전체 교차 질 의 시간은 2분입니다.	◆상대 측의 입안과 반론에 대하여 핵심을 찌르는 질문과 답변으로 상호간에 응답을 한다. ◆간략한 질문과 답변으로 논리 대 결을 더욱 분명하게 하고, 역동적 인 토론이 전개되도록 한다.
⑧ 작전 타임 1분	▶2분간 협의 시간을 갖겠습니다. 팀별로 최종 변론 내용에 대한 협의를 준비해 주십시오.	
⑨ 최종 변론 2분	▶자, 이제부터 찬성 측부터 논제에 대한 여러분들의 결론을 최종적으 로 발표하여 주기 바랍니다. 발언 시간은 1분입니다.	◆찬성 측, 반대 측 순으로 입안과 반 론 과정에서 이루어졌다거나 그 때 생각하지 못했던 것들을 요약 해서 확실하게 발표한다. ◆가능한 도표나 통계 등 객관적인 자료를 활용한다. ◆자기 팀이 토론에서 승리해야 할 이유를 설득력 있게 최종적으로 다시 밝힌다.

⑩ 입장 결정 1분	사회자(▶) : 토론 결과 판정인의 찬성과 반대 의견에 대한 변화를 알아보겠습니다. **판정인은 자신의 입장을 결정하여 찬반 유보 신호등을 들어 주시기 바랍니다.**	
⑪ 판정 결과 발표 2분	▶이어서 판정단의 판정 결과를 발표하겠습니다.	▶판정단은 판정표에서 주장 펼치기, 반론하기, 주장 다지기, 태도 측면에서 종합적으로 판정한다. 또한 오늘 가장 우수한 토론자를 선정하고 그 이유를 발표한다.

《푸른 사자 와니니》토론 후 활동

 단계 1

토론 소감 말하기

토론이 끝나면 각 역할 별로 한 명씩 토론 후 소감을 발표한다.

 단계 2

부모님 혹은 선생님의 강평 및 자기 평가

부모님이나 선생님이 토론 전체에 대한 평을 하고, 학생들은 각자 자기 평가 표를 작성하며 수업을 마무리한다.

3. 생태환경 놀이하기

　교실 안이나 학교 밖에서 학생들과 함께 할 수 있는 생태환경 놀이에는 어떤 것들이 있을까? 막연하게 생각할 수 있지만 실제로 우리가 생각하는 것보다 그 종류가 훨씬 많다. 교실 안에서 여러 가지 교구를 활용하여 생태환경 놀이를 할 수도 있고, 교과 내용을 재구성하여 선생님이 놀이를 만들어 운영할 수도 있다. 또한 학교 밖에서 할 수 있는 생태환경 놀이에는 어떤 것들이 있을까? 가장 좋은 것은 바깥 활동에서 직접 얻을 수 있는 자연물을 이용한 놀이다. 학생들의 호기심을 자극하여 재미를 유발할 수 있기 때문이다. 자연물이라고 하면 솔방울이나 떨어진 꽃이나 나뭇가지, 풀 등을 활용하는 것을 말한다.

　특히 가을에는 씨앗과 열매를 바깥 활동에서 놀이 재료로 적절히 활용하여 창작물을 만들어보는 것도 흥미로운 생태환경 놀이가 될 수 있다. 학생들이 자연 속에서 실물을 직접 관찰하면서 자신이 생각한 주제에 맞는 자연물을 자기 손으로 직접 채집하여 완성하는 과정은 충분히 교육적인 가치를 지닌다.

생태환경 놀이 수업 활동

나의 이름을 찾아주세요

대상연령 유치원, 초등학교, 중학교, 고등학교

규모 교실 안이나 바깥 활동

학생 전체 참여 놀이

생물 분류하기

대상연령 유치원, 초등학교, 중학교, 고등학교

규모 교실 안

모둠 놀이

먹이 사슬 놀이

대상연령 유치원, 초등학교, 중학교, 고등학교

규모 바깥 활동(넓은 공간)

학생 전체 참여 놀이

고양이 쥐 잡기

대상연령 유치원, 초등학교, 중학교, 고등학교

규모 교실 안이나 바깥활동

학생 전체 참여 놀이

나의 이름을 찾아 주세요

대상 연령 유치원, 초등학교, 중학교, 고등학교

준비물 안대, 자연물(식물이나 광물 등 자연에서 주운 10여 가지)

놀이 방법

① 학생들을 원형으로 중심을 향해 앉게 하고, 서로의 무릎이 닿을 정도로

바짝 앉게 한다.

② 학생들에게 눈가리개(안대)를 나누어 주고 각자 눈을 가리게 한다.

③ 교사는 미리 준비한 식물이나 광물 등 10여 가지를 하나씩 천천히 나누어 준다.

④ 학생들은 주어진 식물이나 광물을 만져 보고, 냄새도 맡아 보는 등 최대한 무엇인지를 알아낼 수 있도록 한 뒤, 옆 사람에게 건네 준다.

⑤ 학생들이 만져 보았던 것이 무엇인지를 알아맞혀 보게 한다.

⑥ 답을 맞히지 못하면 교사는 힌트를 주면서 모두 맞히게 하고 만져 보았던 사물을 공개한다.

> 놀이는 교사가 사물을 첫 번째 학생에게 전달하면서 시작되고, 마지막 학생에게 전달되면 놀이가 끝나게 된다.
> 자연 속에서 학생들은 마음껏 뛰어놀면서 인간적이고 정서가 풍부한 사람으로 성장할 수 있게 되며, 이는 자연을 지키고 가꾸는 친환경적인 사람으로 성장하는 데 도움이 된다.

놀이 운영 tip

① 교사는 학생이 놀이 중간에 안대를 쓴 상태에서 사물을 만져 보았던 느낌(촉감)을 다른 학생들이 들을 수 있게 말하게 하는 것이 좋다.

② 놀이 중간에 정답을 바로 이야기하는 것보다 참여한 모든 학생이 사물을 만져 본 후에 손을 들게 하여 정답을 말할 수 있게 하는 것이 좋다.

③ 유치원이나 초등학교 저학년의 경우 사물을 쉽게 알 수 있는 것을 먼저 제시하고, 차차 어려운 순서로 제시하는 것이 좋다.

④ 안대는 학생 수만큼 준비한다.

생물 분류하기

대상 연령 유치원, 초등학교, 중학교, 고등학교

준비물 생물 카드(우리 학교에 있는 생물 사진)

놀이 방법

① 교사는 PPT를 통해 생물 카드의 종류를 제시한다.

　학생들은 모둠(모둠 구성은 4~5명)으로 앉아서 책상 위에 있는 생물 카드를
뒤로 엎어 놓고 기다린다.

② 교사가 미션을 제시하면 학생들은 모둠 놀이를 시작하게 된다.

　책상 위의 생물 카드를 뒤집어 선생님이 제시한 미션을 수행하고 완성되면
'분류 완성'이라고 외친다. (교사는 미션 알림: 예) 색깔별로 분류하기)

③ 가장 먼저 '분류 완성'을 외친 모둠이 이긴다.

　이 놀이를 통해 학생 간 상호 의사소통 및 협력하는 능력을 기를 수 있다.

블루베리　　　　　　　　　　　　　앵두나무

(인디언) 천인국　　　　　　　　　　장미덩굴

우단동자

사피니아

 놀이 운영 tip

① 교사의 분류 기준은 식물의 경우 열매 유무, 색깔, 꽃이 피는 시기 등에 따른 분류 로 수준을 조절해서 제시할 수 있다.

② 이 놀이를 하기 전에 학생들에게 식물의 이름을 직접 조사하게 하고, 식물에 관한 백과사전이나 인터넷을 통해 특징을 조사하는 수업을 먼저 하는 것을 추천한다.

③ 이 놀이의 주제를 학생들이 쉽게 접할 수 있는 학교 안에 있는 생물로 하는 것이 좋다. 학교 안의 나무나 꽃을 주제로 삼으면 좋겠다.

먹이사슬 놀이

대상 연령 유치원, 초등학교, 중학교, 고등학교

준비물 이름표(매, 박새, 사마귀, 메뚜기, 모기), 끈

놀이 방법

① 매 1명, 박새 2명, 사마귀 3명, 메뚜기 4명, 모기 5명을 정한다.

② 매는 박새만 잡고, 박새는 사마귀만 잡고, 사마귀는 메뚜기만 잡고, 메뚜기는 모기만 잡는다.

③ 마지막에 남은 종이 이긴다. 놀이는 교사의 수신호(박수 한 번 치기 등)로 시작되고 수신호로 종료된다.

이 놀이를 통해 학생 간 상호 의사소통 및 협력하는 능력을 기를 수 있다.

🐢 놀이 운영 tip

① 먹이사슬 놀이를 통해 학생들이 생태계 내 '종'간의 먹고 먹히는 관계인 먹이그물을 이루고 있고, 생태계의 평형이 이루어진다는 것을 알 수 있도록 지도한다.

② 이름표는 먹이사슬을 잘 설명할 수 있는 것으로 대체할 수 있다. (아래 표 참조) 특히 학생들이 직접 먹이사슬 놀이를 하기 전에 조사한 먹이사슬 관계도를 그려 보게 한 뒤, 관계도 내에 나온 이름을 활용하는 것이 좋다.

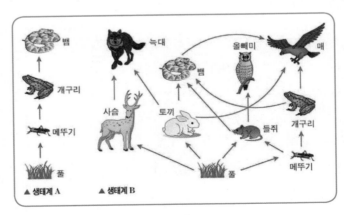

고양이 쥐 잡기 놀이

대상 연령 유치원, 초등학교, 중학교, 고등학교

준비물 없음

놀이 방법

① 전체 학생들이 서로 손을 잡고 둥글게 선다.

② 참가자 중 5명 정도를 나오게 하여 가위, 바위, 보를 한다. 이긴 한 사람은 '고양이'를, 진 사람 4명은 '쥐' 역할을 한다.

③ '고양이'와 '쥐'를 제외한 나머지 학생들은 울타리 역할을 하며, '쥐'는 통과시켜주지만 '고양이'는 통과하지 못하도록 막는다.

④ '고양이'는 '쥐'를 잡기 위하여 쫓아다니고, '쥐'는 '고양이'에게 잡히지 않으려고 도망 다닌다.

> 놀이는 교사가 '고양아! 쥐 잡아라'라고 소리치면 시작되고 '고양이'가 '쥐'를 모두 잡으면 놀이는 종료된다. 이 놀이를 통해 학생 간 상호 의사소통 및 협력하는 능력을 기를 수 있다.

놀이 운영 tip

① 고양이 쥐 잡기 놀이는 먹이사슬의 천적 놀이이다.

② 먹이사슬 놀이의 한 형태이며 특별히 준비물이 필요 없어 학생들과 바깥 활동에서 할 수 있는 재미있는 놀이이다.

③ 놀이를 할 때 넓은 공간을 확보한 운동장이나 넓은 공간에서 하는 것이 좋다.

④ '쥐'는 학생들이 만든 울타리를 빠져나갈 수 있기 때문에 울타리 멀리까지 나가지 않도록 미리 약속을 정해 두고 하는 것이 필요하다.

4. 생태환경 보드게임 하기

시중에 판매 중인 생태환경 보드게임

　학교에서 학생들이 수업 시간 외에도 시간이 날 때마다 보드게임을 즐겨 하는 모습을 발견할 수 있다. 보드게임이란 종이판이나 나무판으로 된 놀이 도구 주변에 여럿이 둘러앉아 즐기는 놀이를 통틀어 이르는 말이다. 종이판이나 나무판은 보드(board)나 카드(card) 그리고 타일(tile), 말판이라고 일컫는 놀이 도구를 이용한다.

　이들 놀이 도구는 일정한 규칙에 따라 진행하여 승패를 결정하는 것으로 재미와 교육적인 효과를 동시에 얻을 수 있는 활동이다. 보드게임은 종이나 플라스틱으로 된 보드를 이용한 게임을 말하며 카드 게임은 다른 구성 요소 없이 카드만을 이용한 게임이다. 타일 게임은 수백 개의 타일 등을 게임 도구로 사용한다. 말 게임은 말판 위에서 주사위를 던지고 말을 움직여 하는 게임이다.

인지발달이론을 주장한 피아제(Jean Piaget, 1896~1980)는 초등학교 학생들에게는 구체적인 조작 활동을 토대로 개념과 원리를 지도해야 한다고 주장했다. 구체적인 조작 활동을 돕는 것을 '조작 교구'라 할 때 조작 교구는 여러 가지 감각을 자극하고, 직접 만질 수 있으며 여기저기 옮길 수 있고 재배열이 가능하며 아동에 의해 조작될 수 있는 물체라고 정의하고 있다.

보드게임을 통한 활동 과정에서 학생들은 스스로 게임에 이기기 위해 스스로 전략과 방향을 설정하게 된다. 그리고 다른 사람들과 함께하는 과정 속에서 대인관계와 사회성을 기르게 된다. 보드게임은 다양한 전략을 세우고 목표와 방향을 설정하는 인지적 활동 과정에서 아동의 발달에 긍정적인 영향을 줄 수 있다.

보드게임의 교육적 의미

보드게임의 교육적 의미를 4가지로 정리하면 다음과 같다.

첫째, 보드게임은 구체적인 목표가 있다. 게임에 참여하는 학생들이 정해진 규칙을 익히고 다른 참여자와 협력하거나 경쟁해 나간다. 이러한 과정에서 흥미를 느끼고 몰입하여 게임의 승패에 따라 성취감과 반성적 사고를 경험하게 된다.

둘째, 보드게임에 참여하는 사람들은 규칙과 약속을 지켜야 한다. 게임 규칙 안에서 승리하기 위해 노력해야 하고 상대방의 전략을 읽고 견제하기도 한다. 이 과정을 통해 학생들은 게임을 통한 경쟁 속에서 사회적 관계를 간접적으로 경험하게 된다. 때로는 성취를 위해 상대방과 협상과 타협의 과정을 거치기도 하고 새로운 규칙을 제안하거나 협력하는 과정을 통해 문제를 해결하면서 사회성을 발달시키는 과정을 거친다.

셋째, 보드게임은 게임의 결과로 승패가 결정되기 때문에 그 결과에 대해 받아들이는 감정 조절이 필요하다. 게임 시작 전과 게임 진행 과정, 게임 종료 후 게임 결과를 받아들일 수 있는 의연한 태도를 지도할 필요가 있다. 보드게임 활동 속에서 아동은 자연스럽게 자기감정의 통제와 인내, 배려심 등의 심리 정서적 감정을 조절하며 재미를 즐기고 정신적 스트레스를 풀 수 있다.

넷째, 보드게임은 언어 능력, 의사소통 능력, 협업 능력, 시공간 구성 능력 등을 발달시킬 수 있다. 게임에 참여하는 학생들과 언어적 소통을 하면서 색깔과 모양을 기준으로 분류하거나 규칙을 찾아내는 활동을 하거나, 미리 일어날 가능성을 예측하여 전략적 사고를 하면서 의사소통 능력, 협업 능력, 시공간 구성 능력 등을 발달시킬 수 있다.

생태환경 보드게임의 종류

구 분	펭귄 얼음 깨기		
구분	지구환경 교육용 보드게임	게임 구성물	얼음판 1개
난이도	쉬움 (유치원부터 가능)		얼음판 다리 4개
			망치 2개
인원	2명 이상		룰렛 1개
			얼음 블록 37개
가격	6,000원		펭귄 말 1개
게임 방법	이 게임은 펭귄을 얼음 블록 위에 올려 놓고 한 명씩 돌아가면서 얼음 블럭을 깨서 펭귄이 떨어지게 만드는 사람이 지는 보드게임이다. 게임 규칙도 정말 간단해서 저학년도 큰 어려움 없이 할 수 있는 쉬우면서도 스릴감 넘치는 게임이다.		

구 분	포레스트		
구 분	지구환경 교육용 보드게임	게임 구성물	포레스트 카드 88장(뒷면 연두색 카드)
난이도	중간 (전략 게임)		열매 카드 10장(뒷면 파란색 카드)
			환경위협 카드 5장(뒷면 주황색 카드)
인원	2명~ 5명		게임보드 1개
			게임말 5개
가격	22,000원		게임말 카드 5장

게임 방법	나는 어떤 나무를 얼마나 키울 수 있을까? 산림감시원이 되어 숲을 보호한다. 산림을 훼손하는 벌목꾼을 감시하고, 사냥꾼으로부터 동물을 지키자! 게임 진행: 1. 나무카드 내려놓기 2. 동물카드 내려놓기 3. 산림감시원 카드 내려놓기 순으로 한다. 게임 종료: 포레스트 카드 더미의 카드가 다 떨어지면, 참가자 모두 한 번씩 자신의 차례를 가진 후 게임이 끝난다. 참가자들은 자신의 나무열매 카드를 공개하고, 보너스 점수를 계산한다. 게임 승자: 게임 중 얻은 자신의 말 점수와 종료 후 얻은 점수를 합산하여 점수가 가장 높은 사람이 승자이다.

구 분	플래닛 PLANET		
구 분	지구환경 교육용 보드게임	게임 구성물	행성 4개
난이도	중간 (전략 게임)		대륙 타일 50장
			동물 카드 45장
인원	2명~ 4명		지형목표 카드 5장
가격	40,000원		시작 토큰 1개

게임 방법	산맥과 사막을 널리 퍼트리고, 숲, 바다, 빙하를 확장한다. 전략적으로 지형을 배치하여 생명체가 살기 적합한 환경을 만들어 본다. 동물이 가장 많이 살아가는 행성(플래닛)을 만들어 보자! 게임 목표는 한 라운드에 한 번씩, 대륙 타일을 가져와 자기 행성에 붙인다. 그런 뒤 이번 라운드의 동물 카드 조건을 확인하고 그 조건에 가장 적합한 행성을 보유한 사람이 그 동물 카드를 가져간다. 동물 카드를 많이 가져갈수록 승점도 많이

받을 수 있다. 행성이 완성되어 게임이 끝났을 때 승점이 가장 높은 행성의 주인이 승자가 된다.

게임 진행 : 한 라운드는 2단계로 구성된다.
1. 대륙 형성 2. 생명의 태동(3라운드부터)

게임 종료 : 12라운드가 끝나면 모든 행성이 대륙 타일로 덮인 상태가 된다. 마지막 '생명의 태동' 경쟁까지 진행하고 승점을 계산한다.

게임 승자 : 지형목표 카드를 달성했는지 여부와 관계없이 동물 카드 승점을 받는다. 승점이 가장 많은 참여자가 승리한다. 동점이라면 동물 카드가 더 많은 쪽이 승리한다. 이것도 같다면 동점자들이 승리를 공유한다.

생태환경 보드게임 활동

❈ 활동 가이드

보드게임 제대로 알기

생태환경 보드게임 <플래닛> 게임하기

1. <플래닛> 보드게임 하기 전 주의사항
2. <플래닛> 보드게임 방법 익히기
3. <플래닛> 보드게임 하기

보드게임 수업 후 소감 나누기

🍁 활동 내용

1. 보드게임을 하는 목적을 알고 하자.

   -모든 보드게임에는 게임 목적이 있다. 게임 목적을 제대로 파악하고 게임

   을 하면 더 재미있게 게임을 즐길 수 있다.

2. 보드게임은 전략 게임이다.

   -보드게임을 할 때 전략을 짜서 게임을 하는 것이 중요하다.

3. 보드게임은 게임 규칙을 아는 것이 중요하다.

   -보드게임의 규칙을 알고 해야 게임을 100% 즐길 수 있다.

생태환경 보드게임 〈플래닛〉 게임하기

🌍 1. 〈플래닛〉 보드게임 하기 전 주의 사항

1. 자기 순서를 잘 지킨다.

2. 다른 사람을 속이지 않는다.

3. 지나친 승부욕으로 화를 내거나 게임을 중간에 그만두지 않는다.

4. 게임하는 동안 자신의 생각을 적절하게 표현하여 전달한다.

🌍 2. 〈플래닛〉 보드게임 방법 익히기

❶ 게임 준비하기

1. 각자 행성을 하나씩 가져간다. 행성 표면에 아무것도 안 붙어 있어야 한다.

2. 대륙 타일(오각형 타일)을 모두 섞어 10개 더미(한 더미 5장씩)씩 나눈다.

   뒷면이 보이게 쌓아서 테이블 가운데에 한 줄로 늘어 놓는다.

3. 동물 카드를 모두 섞은 뒤 무작위로 20장을 뽑아 반드시 3라운드에 똑같은

위치에 놓이도록 앞면으로 펼쳐 놓는다.

4. 각자 지형 목표 카드를 한 장씩 받고, 앞면을 비밀리에 확인한 후 자기 앞에 놓는다.

5. 가장 나이가 어린 사람이 시작 토큰을 가져간다.

(시작 토큰을 가진 사람을 '시작 참가자'라 부르며, 시작 참가자부터 게임을 시작한다.)

❷ 게임(라운드) 시작하기

한 라운드는 2단계로 구성한다.

1단계는 대륙 형성, 2단계는 생명의 태동(3라운드부터)이다.

1단계: 대륙 형성

- 첫 번째 대륙 타일 더미를 가져와서 대륙 타일 5장 모두를 바닥에 펼친다.
- 시작 참가자는 바깥에 펼쳐진 대륙 타일 5장 중 하나를 가져와서 자기 행성의 원하는 위치에 붙인다. 시계방향으로 돌아가며 모든 플레이어가 하나씩 가져와 붙인다.
- 모두가 대륙 타일 하나씩을 자기 행성에 붙였다면 바닥에 남은 타일들은 모두 뒷면으로 섞어 열 번째 대륙 타일 더미 옆에 쌓아 놓는다.

  예) 4명이 게임에서, 첫 라운드가 끝나면 대륙 타일이 한 장 남는다. 이 타일은 열 번째 대륙 타일 더미 옆에 놓아서 열한 번째 더미의 초석으로 삼는다.
- 지형 목표 카드 : 게임이 끝날 때 이 카드에 표시된 '지형'이 내 행성에 몇 칸이나 있는지에 따라 승점을 얻는다. 게임이 끝났을 때, 내 행성에 있는 빙하 지형이 11~13칸이라면 승점 2점을 얻는다.

2단계: 생명의 태동

3라운드부터 적용한다. 여러분의 행성에 생명이 깃들기 시작한다. 이번 라운드의 동물 카드에 적힌 조건을 확인하고, 각자 손에 든 행성도 살펴본다. 동물 카드의 조건을 만족한 참여자는 해당 카드를 가져갈 수 있다.

* 동물 카드 조건 3가지

1. 가장 많은 동일 지형(연결되지 않은 영역의 갯수가 많은) 참여자가 카드를 가져 간다.
2. 인접한 가장 큰 지형(연결된 영역의 갯수가 많은) 참여자가 카드를 가져간다.
3. 인접하지 않은 가장 큰 지형(연결되지 않은 영역의 갯수가 많은) 참여자가 카드를 가져간다.

❸ 게임 종료하기

1, 2라운드가 끝나면 모든 행성이 대륙 타일로 덮인 상태가 된다. 마지막 '생명의 태동' 경쟁까지 진행하고 승점을 계산한다.

1. 각자 지형목표 카드를 공개하고 목표를 달성했는지 확인한다. 목표를 달성했다면 알맞은 승점을 얻는다.
2. 각자 보유한 동물 카드 승점을 계산한다. 내 '지형' 목표 카드와 지형이 일치하는 동물 카드는 1장당 1점씩을, 지형이 일치하지 않는 동물 카드는 1장당 승점 2점씩을 받는다(동물 카드 가장자리 색깔을 기준으로 각 카드의 지형을 판단한다.)

<주의> 지형목표 카드를 달성했는지 여부와 관계없이 동물 카드 승점을 받는다. 승점이 가장 많은 참여자가 승리한다. 동점이라면 동물 카드가 더 많은 쪽이 승리한다. 이것도 같다면 동점자들이 승리를 공유한다.

🌐 3. <플래닛> 보드게임 하기

- 보드게임 규칙에 따라 전략을 세워 보드게임에 참여한다.

보드게임 수업 후 소감 나누기

- 보드게임을 통해 배운 사실을 친구들과 함께 나눠 보자

  플래닛 보드게임을 통해 배우게 된 사실에 대해 이야기 해 보자.

  예) 동물들은 자신에게 맞는 서식지가 없으면 살 수 없다. 그래서 인간들이
  동물들의 서식지를 파괴하지 않고 보호해야 한다.

- 보드게임을 하면서 나 스스로 어떤 점이 달라졌는가?

  승부욕, 인내력, 배려하는 마음, 표현하는 능력 등이 달라졌다.

5. 천연염료로 자연의 빛깔 내기

천연 염색 수업 후 나온 학생 작품

과학실에서 천연염색을 했다. 천연염색의 종류는 황벽, 오배자, 치자, 양파 껍질, 소목, 쑥으로 했다. 나는 소목으로 빨간색 물을 들이기로 했다. 치자는 노란색, 소목은 빨간색, 쑥은 연한 초록색, 양파 껍질은 연한 노란색, 오배자는 조금 누렇게 물들었다. 내가 물들인 소목은 즙은 많고 인원이 많아서 좀 더 진하게 할 수 있었다. 화학 염색보다 천연염색이 더 낫다고 한다. 나는 색깔이 선명하고 진한 것이 더 이쁘고 좋다. 다른 애들 것을 보니 홀치기를 해서 각자 다 모양이 다양하게 나왔다. 나는 홀치기를 하지 않았다. 한 색깔로 다 덮인 것이 더 좋기 때문이다.

- 김○현 -

참 놀라웠다. 난 이제껏 식물 같은 천연염료로는 천을 물들일 수 없을 것이라 생각했다. 하지만 이번 천연염색 수업을 통하여 내가 잘못 알고 있다는 것을 깨달았다. 천연염료로도 충분히 예쁘고 진한 옷감 염색이 가능하다는 것을 알게 되었다. 너무 재미있다. 천연염색으로 옷을 만들어 입어 보고 싶다.

- 박○중-

몇 해 전 6학년 학생들과 함께 천연염색 수업을 하였다. 치자, 황벽, 오배자, 쑥, 양파, 소목 등 6가지의 천연 염색 재료를 서울 경동시장에 직접 가서 구입했다. 그리고 사전 실험을 집에서 해보고 자료를 정리하여 다음 날 학생들과 과학실에서 했다. 학생들에게 천연염색과 화학염색에 어떤 차이가 있는지에 대한 설명을 하면서 우리 학급에 아토피가 심한 학생들의 경험을 듣고 수업을 진행하였다. 아토피가 심한 학생이 특정 화학 염료를 사용한 염색 옷에 민감하게 거부 반응을 보여 아토피가 심해졌다는 자신의 경험을 이야기했다.

[교과과정에서 연계 지도할 수 있는 천연염료 수업_부록 참조]

천연염색 수업이 갖는 교육적 의미

천연염색은 염색의 재료가 대부분 자연에서 추출되므로 색상이 학생들에게 친근하고 친환경적이어서 수업에 활용하기 좋다. 특히 천연 염색은 학생들의 마음을 편안하게 해주는 효과와 함께 항균, 냄새 제거의 효과도 있다. 유치원에서부터 고등학교에서 황토추출염, 과일추출염, 야채추출염 등을 활용한 천연색 수업을 할 수 있다. 이외에도 홍화나 쪽염을 사용하기도 하는데 홍화는 약리적 특징이 뛰어나고 홍색과 황색의 두 가지 색소로 염색을 할 수 있어 많이 사용한다.

'미술과'에서는 홍화 염색 방법을 익히고, 홍색소를 이용한 색의 명도와 여러 가지 염색 기법을 지도할 수 있다. 이를 통해서 미적 체험을 할 수 있을 것으로 기대된다.

'실과'에서는 생활 속의 식물 단원에서 봄에 홍화 모종을 구입하여 심어서 7~8월 홍화꽃이 피면 홍화염을 천에 염색을 한다. 홍화염으로 염색된 천을 이용하여 손바느질을 한 후 주머니나 보자기를 만드는 활동을 할 수도 있다.

　'과학과'에서는 염색 과정을 이용해 산과 염기의 특징을 직접 체험하고 홍화 염색 과정에서 적당한 염액의 농도와 색을 내기 위해 산과 염기의 농도를 맞추는 활동을 할 수 있다. 천연 염색 과정을 통해 과학적 개념과 과학적 사고를 기를 수 있을 것으로 본다.

　천연염색을 하며 자연의 색으로부터 학생들은 미적 가치를 발견하고 자연 친화적인 감성을 기를 수 있다. 또한 학생들 스스로 자신의 느낌이나 생각을 주체적이고 창의적으로 표현하는 능력을 개발하고 자연과 인간이 공존할 수 있는 생태환경의 가치를 실현할 수 있다.

여러 가지 식물에서 얻을 수 있는 천연염료

　우리나라 사계절 어디서든지 볼 수 있는 식물(잎과 꽃, 열매, 나무껍질, 뿌리 등)을 이용하여 천연염료로 사용할 수 있다. 전통 공예품이나 전통 자수 등에 사용된 식물성 염료는 400여종이 있으며, 이들 염료로 약 100여종의 색채를 낼 수 있다고 한다. 우리가 주변에서 쉽게 구할 수 있는 식물성 염료 재료와 색깔을 정리하면 아래와 같다.

식물명	염료 색	특징	식물명	염료 색	특징
치자 (열매)	황색	매염제 없이도 염색이 잘 됨	쑥	쪽빛 (청색)	잎이 염료로 좋음 세탁·땀·마찰에 매우 강함
울금 (생강과)	연한 황색	색이 빨리 바램 명반 매염제	소목 (콩과)	주황색	색이 잘 바램 명반 매염제

포도	자색	소금과 명반 매염제	메리골드 (국화과)	황색	명반 매염제
홍화(꽃)	분홍색	노란색, 분홍색 염색 가능	양파	황색	명반 매염제
				다시마색	철 매염제

천연염료로 어떻게 자연의 빛깔을 낼 수 있을까?

① 천연염색 준비물 확인하기: 천연염색 재료, 흰색 천(손수건 등), 백반 가루 (매염제), 휴대용 가스렌지(야외), 냄비(천연염료 담아서 끓이는 용도), 나무젓가락, 고무밴드, 비닐장갑이나 고무장갑, 빈 통(대야), 물, 앞치마, 산도(pH)측정 페이퍼(스틱형), 탄산칼륨 등

② 천(옷감) 깨끗이 하기: 염색할 천이나 옷감을 깨끗이 한다.

③ 천연염색 재료 끓이기: 천연 염료를 적정온도로 끓여준다(홍화는 40~60℃). 홍화 염색 시 온도가 40℃일 때 가장 선명한 색을 얻을 수 있다. 진홍색으로 염색되며 20℃일 때는 40℃에 비해서 옅게 염색된다. 60℃일 때는 누런 색을 띠고 염색이 고르지 않게 된다.

④ 고무밴드로 홀치기: 노란색 고무밴드로 힘을 다해 천에 꽁꽁 감아서 무늬를 낸다.

⑤ 천연염색하기: 준비한 천연염료에 천을 담가 두어 염색을 한다. 이후 명반 가루와 같은 매염제를 물에 섞은 그릇에 천연 염색한 천을 넣는다. 매염제 (명반 또는 철)에 넣으면 색이 더 진해진다.

⑥ 염색 천 헹구기: 염색한 물이 다 빠질 때까지 헹구고 그늘에 말린다. 말린

후 다리미로 다리면 염색이 오래간다.

홀치기 염색 방법

홀치기 염색은 노란색 고무밴드나 실로 묶어 주면 그 부분만 염료가 천이나 섬유 조직에서 빠지고 물드는 과정을 이용하여 여러 모양의 문양을 만드는 것을 말한다. 이러한 과정은 학생들에게 호기심을 자극하기에 충분하다.

홀치기 염색을 하는 시점은 염색하기 전에 미리 천을 다양한 방법으로 묶는 때이다. 홀치기 염색에서 주의할 것은 학생들이 천이나 섬유의 일부를 고무밴드나 실로 탱탱하게 묶어주어야 한다는 것이다. 그렇지 않고 느슨하게 고무밴드나 실을 묶을 경우 천이나 섬유 조직의 빈 공간으로 염료가 스며들어 원하는 무늬를 얻기 힘들다. 홀치기 방법은 크게 둥근 무늬, 반복 무늬, 대리석 무늬로 나눌 수 있다.

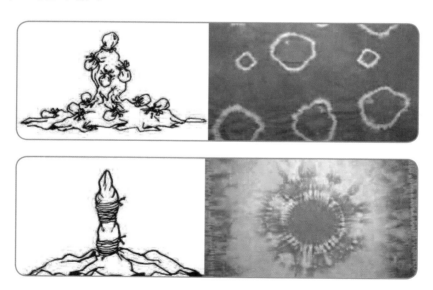

과학과 산과 염기성을 적용한 염료 추출

학생들은 초등학교 5학년 과학과 <5. 산과 염기> 단원에서 배운 지식을 활용하여 홍화의 홍색과 황색 염료를 추출할 수 있다. 학생들은 홍화 황색소를 완전히 분리하기 쉽지 않은데, 홍화 내에 황색소의 양이 상당하기 때문이다. 홍화 홍색소는 물에 녹지 않기 때문에 홍화의 수세 과정에도 사라지지 않는다. 알맞은 산도(pH)측정 페이퍼를 이용하여 홍색소를 충분히 추출한 후에 염액의 색깔이 붉은 빛으로 보이게 한다. 하지만 홍색염은 염액이 염기성일 때는 식물성 섬유(면, 마 등)에 염착되지 않는다. 그래서 오미자즙 등을 이용하여 산성으로 만들어 염색해야 한다. 홍색 색소의 산도(pH)값이 10이 될 때까지 추출해내는 과정을 반복하여 색이 밝고 환한 아름다운 색인 분홍색을 만들 수 있다.

천연염료 수업 활동

🍁 활동 가이드

> 천연염색과 화학염색 비교하기

> 천연염색으로 자연의 빛깔 표현하기
>
> 1. 천연염색 수업에서 주의할 점
> 2. 홍화로 천연 염색하기
> 3. 천연염색 과정 알아보기

> 천연염색 수업 후 소감 나누기

🍁 활동 내용

천연염색과 화학염색 비교하기

구 분	천연염색	화학염색
환경친화적인가?	환경친화적, 공해가 없다	공해 문제 발생한다
색상이 자연스럽고 우아한가?	색상이 자연스럽고 우아하다	색상이 천편일률적이다
색을 재현 가능한가?	어렵다	쉽다
시간과 노력은?	많이 든다	적게 든다
대량 생산가능한가?	어렵다	가능하다
우리 몸에 해로운가?	해롭지 않다	아토피 등 피부염을 유발한다

천연염색으로 자연의 빛깔 표현하기

1. 천연염색 수업에서 주의할 점

1. 불을 사용하므로 보호자(교사나 부모님 등)와 함께 실습한다.

2. 뜨거운 염색물에 화상을 입지 않도록 하며 장갑을 착용한다.

3. 염색물이 옷에 묻지 않도록 주의한다.(앞치마 착용)

4. 염색이 잘되도록 오랫동안 골고루 천을 주물러 준다.

5. 손수건을 헹굴 때는 염료가 안 나올 때까지 헹궈 준다.

2. 홍화로 천연 염색하기

홍화 자루를 40℃ 물에 담가 황색소 추출하기

황색소 추출하기

황염료
산도 측정(pH=5)

탄산칼륨을
물에 넣기
(홍화양의 8%)

탄산칼륨
산도 측정
(pH=10)

홍색소
추출하기

홍염액에 명반 넣기(1-2 스푼)

홍염액에 천(옷감)을 넣기

홍염액에 천(옷감)을 넣고
2-3시간 두기

깨끗한 물에 홍염한 천(옷감)
씻어내기

홍염 후 모습

🌏 3. 천연염색 과정 알아 보기

준비물

천연염색 재료(홍화꽃잎), 흰색 천(손수건 등), 명반 가루(매염제), 탄산칼륨 또는
잿물(염기성화), 건오미자 또는 구연산(산성화)휴대용 가스렌지(야외), 냄비(천연
염료 담아서 끓이는 용도), 고무밴드(홀치기용), 비닐장갑이나 고무장갑, 빈 통(대야),
물, 앞치마 등

① 고무밴드로 홀치기 : 노란색 고무밴드로 힘을 다해 천에 꽁꽁 감아서 무늬
　를 낸다.
② 천(옷감) 미지근한 물에 담그기 : 염색할 천이나 옷감을 미지근한 물에 10분
　담궈 둔다.

❸ 천연염색 재료 끓이기 : 천연염료를 적정 온도로 끓여 준다.(홍화는 40℃ ~60℃) 홍화 염색 시 온도가 40℃일 때 가장 선명한 색을 얻을 수 있다. 진홍색으로 염색되며 20℃일 때는 40℃에 비해서 옅게 염색된다. 60℃일 때 누런색을 띠고 염색이 고르지 않게 된다.

<교사 조언>

붉은 색소를 추출하기 위해 40℃가 넘지 않은 물에 염기성인 탄산칼륨을 넣어 산도(pH)를 10~11(염기성)로 맞추고 물기를 모두 짜낸 홍화 자루를 넣어 주물러 주면 붉은 염색액이 나오기 시작한다.

❹ 천연 염색하기 : 준비한 천연염료에 천을 담가 두어 염색을 한다. 먼저 미지근한 물에 천연염료(홍화꽃잎)를 넣고 주물러서 황색 색소를 다 빼낸다 (3회 이상 반복). 그다음 깨끗한 물에 탄산칼륨(염기성)을 녹이고 천연 염료(홍화꽃잎)를 넣어 붉은색 염액을 만든다. 붉은색 염액에 건오미자 우린 물(산성)을 넣으면 꽃 거품이 살짝 일어난다. 이후 명반 가루와 같은 매염제를 붉은색 염액에 넣는다. 매염제(명반 또는 철)에 넣으면 색이 더 진해진다. 천(옷감)은 붉은색 염액에 담그고 천천히 천연 염색한다.(반복할수록 진한 분홍색 옷감을 염색할 수 있다.)

<교사 조언>

홍화액과 오미자즙을 1:1의 비율로 섞어서 산도(pH)를 산성(4~5)으로 만들기 : 홍색염은 염색액이 염기성일 때 천이나 섬유에 염착되지 않기 때문에 오미자즙을 이용하여 산도(pH)를 4~5(산성)로 만들어 염색한다.

❺ 염색 천 헹구기: 염색한 물이 다 빠질 때까지 헹구고 그늘에 말린다. 말린 후 다리미로 다리면 염색이 오래간다.

① 식물을 직접 심고 길러 홍화꽃으로 염색 수업을 할 수 있어서 신기하고
   좋았다.
② 과학 시간에 배운 산과 염기의 내용을 염색 수업에 적용하니 도움이 많이
   되었다.
③ 홀치기 염색 방법을 이용하니 다양한 무늬를 만들 수 있어서 좋았다.
④ 이번 수업을 통해 천연 염색과 화학 염색의 차이점을 알게 되었다.
⑤ 환경을 생각하는 생활을 해야겠다고 다짐하게 되었다.

홍화로 천연 염색 전/후 비교 사진

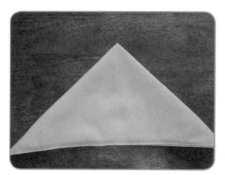
염색 전의 천

황염색 후의 천

홍염색(1차) 후의 천

홍염색(2차) 후의 천

6. 생태환경 소프트웨어 만들기

소프트웨어를 통해 생태환경교육을 할 수 있을까?

유치원이나 초등학교·중·고등학교 교육과정에서 소프트웨어를 통해 생태환경교육을 가르칠 수 있을까? 가르칠 수 있다면 어떤 교과와 연계해서 가르칠 수 있을까?

학생들은 학교에서 실과나 컴퓨터 시간에 배운 스크래치나 엔트리와 같은 블록형 코딩 소프트웨어를 쉽게 익혀 생태환경교육에 활용할 수 있다. 스토리가 있는 생태환경 이야기를 소프트웨어로 코딩하는 것은 학생들에게 또 하나의 즐거운 경험이 될 수 있다.

요즘 학생들은 스마트폰으로 하는 게임에 익숙해 있어서 간단한 소프트웨어의 기능만 가르친다면 충분히 생태환경 소프트웨어를 만들 수 있다. 처음 도입할 때 다른 사람의 다양한 작품을 보고 따라해 보는 경험으로부터 시작하는 것이 좋다.

[교과과정에서 연계 지도할 수 있는 소프트웨어 생태환경교육_부록]

소프트웨어를 통한 생태환경 활동

✿ 활동 가이드

> ### 스토리텔링 활동
>
> 생태환경 문제 인식하기
> 화면구성 및 프로그램 디자인하기

> ### 코딩 활동
>
> <엔트리>중심으로 프로그램 코딩하기

> ### 자료 공유 활동
>
> 개발된 소프트웨어 공유하기
> 개인별 의견 나누기
> 프로그램의 개발로 어떤 점이 환경에 유익한지 생각해 보기

✿ 활동 내용

1. 분리 배출 소프트웨어를 만들어보자

스토리텔링 활동

🌐 **생태환경 문제 인식하기**

준비물 모둠별 A4 종이 한 장씩, 필기구

활동 방법

① 학생 4명을 한 모둠으로 하여 3~4모둠으로 구성한다.

② 모둠이 구성되면 현재 재활용품 분리 배출의 문제점을 찾아보는 활동을

한다. 이때 모둠원 중의 한 사람이 A4 종이에 내용을 기록한다.

③ 재활용품 분리 배출의 문제점을 모둠별로 발표하는 시간을 가진다.

> • 분리 배출이란 쓰레기 따위를 종류별로 나누어서 버리는 것을 말한다.
> • 현행 배출품목은 플라스틱/종이류/병류/캔류·고철류/스티로폼·비닐류/플라스틱/병류/종이류이다.
> • 가연성 쓰레기(종량제 봉투 사용)와 음식물 쓰레기는 매일 배출할 수 있다.
> • 재활용품 배출 시 비닐과 음료, 생수용 투명 페트병을 분리해 버리는 '분리 배출제'를 실시한다.
> • 분리 수거는 쓰레기를 가져가는 수거업체의 관점에서 만든 용어이다.

분리 배출의 문제점에 대해 말해 보기

- 분리 배출 기준에 대해 정확히 모르고 배출한다.
- 분리 배출 품목을 알고도 잘못 넣는 경우가 발생한다.

 화면 구성 및 프로그램 디자인하기

- 모둠별로 분리 배출 프로그램 화면 구성 디자인을 먼저 한다.
- 화면 디자인이 완성되면 프로그램 디자인을 한다.

코딩 활동

<엔트리> 중심으로 프로그램 코딩하기

준비물 ▸ 태블릿 PC 또는 컴퓨터

분리 배출 소프트웨어 학생작품 1

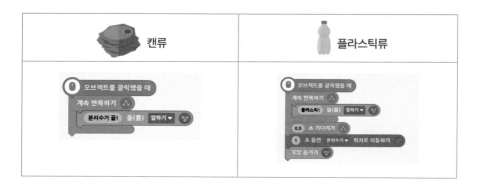

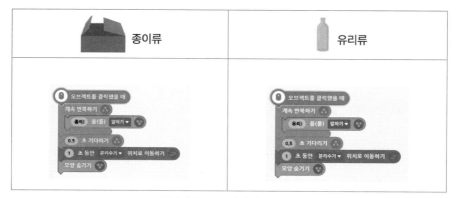

분리 배출 소프트웨어 엔트리 코드

2. 우리 마을 생태지도 소프트웨어를 만들어 보자

스토리텔링 활동

생태환경 문제 인식하기

준비물 모둠별 A4 종이 한 장씩, 필기

활동 방법

① 학생 4명을 한 모둠으로 하여 3~4모둠으로 구성한다.

② 모둠이 구성되면 우리 마을의 생태지도를 만들면 좋은 점에 대해 모둠원 전체가 아이디어를 내어 종이에 기록한다. 이때 모둠원 중의 한 사람이 A4 종이에 내용을 기록한다.

③ 우리 마을의 생태지도를 만들면 좋은 점에 대해 모둠별로 발표하는 시간을 갖는다.

> 생태지도(生態地圖)는 생태학적 관점으로 지도를 그린 것이다. 생태학적 관점은 인간과 주변 생명체가 어우러져 살아간다는 관점이며, 이런 관점으로 그린 생태지도는 지형지물보다는 그곳에 살고 있는 생명체들을 우선적으로 나타낸다. 생태지도는 자연환경에 서식하는 식물과 동물을 알고, 우리 주변에 살고 있는 생명체들과 공존하는 방법을 찾는 그 첫 번째 방법이다.

우리 마을 생태지도를 만들면 어떤 점이 좋을지에 대해 말해 보기

① 우리 마을에 생태계를 한눈에 알 수 있다.

② 우리 마을의 생태계 보존을 위한 환경 정책에 좋은 자료로 활용할 수 있다.

- 모둠별로 우리 마을 생태지도 프로그램 화면 구성 디자인을 먼저 한다.
- 화면 디자인이 완성되면 프로그램 디자인을 한다.

우리 마을 생태지도(동물편)

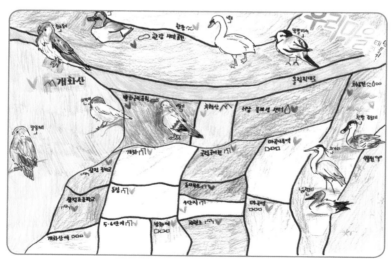

우리 마을 생태지도(조류편)

코딩 활동

🌐 <엔트리> 중심으로 프로그램 코딩하기

준비물 태블릿 PC 또는 컴퓨터

우리 마을 생태지도 소프트웨어(동물편) 엔트리 코드

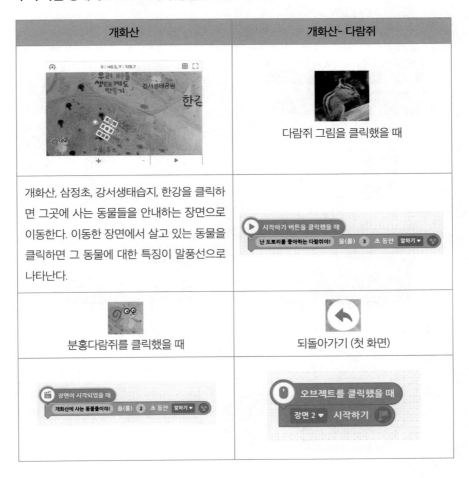

개화산	개화산- 다람쥐
X : -46.5, Y : 128.7 강서생태공원 한강	다람쥐 그림을 클릭했을 때
개화산, 삼정초, 강서생태습지, 한강을 클릭하면 그곳에 사는 동물들을 안내하는 장면으로 이동한다. 이동한 장면에서 살고 있는 동물을 클릭하면 그 동물에 대한 특징이 말풍선으로 나타난다.	▶ 시작하기 버튼을 클릭했을 때 / 난 도토리를 좋아하는 다람쥐야! 을(를) 3 초 동안 말하기
분홍다람쥐를 클릭했을 때	되돌아가기 (첫 화면)
📽 장면이 시작되었을 때 / 개화산에 사는 동물들이야! 을(를) 2 초 동안 말하기	● 오브젝트를 클릭했을 때 / 장면 2 ▼ 시작하기

우리 마을 생태지도 소프트웨어(조류편) 엔트리 코드

초기 화면	안내
 장면2(3번째 황초롱이 클릭)	 장면2 안내
 되돌리기 	장면2, 장면3, 장면4와 같이 장소에서 발견되는 조류를 한군데 모아서 장면으로 디자인한 후 장면2의 코딩화면과 같은 패턴으로 코딩을 해주면 된다.

7. 겨울나무에 옷 입히기

생태 환경용 뜨개질 활동의 교육 효과

뜨개질이란 옷이나 장갑 따위를 실이나 털실로 떠서 만드는 일을 일컫는다. 실로 코를 연속적으로 구성하여 만드는 것으로 대바늘뜨기, 코바늘뜨기가 대표적이다. 대바늘뜨기는 끝이 뾰족한 긴 바늘을 두 개 이상 사용하여 실을 좌우로 왕복하며 뜨는 것을 말한다. 코바늘뜨기는 바늘의 끝이 갈고리 형태로 되어 코바늘을 이용하여 뜨는 것을 말한다. 코바늘뜨기는 대바늘뜨기보다 신축성이 적다는 특징이 있다.

6학년 과정에 대바늘뜨기와 코바늘뜨기가 나오기 때문에 초등학생, 중·고등학생이 충분히 활용할 수 있다. 대바늘뜨기는 목도리와 아기모자 만들기, 수세미 만들기 등을 통해 환경을 살리고, 이웃과의 나눔과 배려를 실천한다는 의미에서 그 교육적 가치가 충분하다. 실제로 뜨개질을 지도한 후의 효과를 보면 뜨개질은 3차원의 공간에서 이루어지는 활동이므로 학생의 공간 지각력을 신장하는데 도움이 된다. 또한 뜨개질 활동은 활동 중에 기쁨과 성취욕을 맛볼 수 있고, 털실의 다양한 색채와 부드러운 감촉을 통해 정서적 안정을 가져오는데 도움이 될 수 있다.

뜨개질은 손을 사용하는 활동으로, 손 운동을 통해 뇌 기능을 강화하고 집중력을 증가시킬 수 있다. 또한, 눈과 손의 협응력이 필요하며 소근육 발달의 효과가 크다. 독일의 발도르프학교나 존 듀이의 실험학교에서도 저학년 때부터 고학년까지 손의 협응력 향상, 노작 경험을 위한 교과로 뜨개질 활동을 실시하였다고 한다.

[교과과정에서 연계 지도할 수 있는 뜨개질 수업_부록참조]

대바늘을 이용하여 생활 소품 만들기를 할 때 학생들이 어떤 목적으로 생활 소품을 만들지에 대한 목적과 계획을 구체적으로 하고 만드는 것이 중요하다. 우리는 생활 소품 만들기 중에서도 겨울이 오기 전에 학교에 있는 나무 옷 입히기 프로젝트를 해 보고자 한다.

생태환경을 위해 뜨개질로 생활 소품을 만들어 보자

6학년 학생들과 함께 실과 수업 시간에 대바늘뜨기로 '차 받침 만들기' 수업을 해 보았다. 처음 대바늘뜨기를 해 보는 학생들이 대부분이었다. 학생들은 신기해하면서도 선

생님의 안내에 따라 시간이 갈수록 익숙한 손놀림을 하는 모습을 볼 때면 대견하다는 생각이 들었다. 뜨개질을 가르칠 때 가장 어려운 것이 코를 잡고, 코를 세는 일이다. 학생들이 어려움을 이야기할 때 요즘 학생들이 잘 보는 유튜브에는 대바늘로 뜨개질하는 동영상이 아주 많이 나와 있으므로 이 영상을 활용하여 지도를 하면 좋다. 선생님이 직접 대바늘뜨기 하는 모습을 동영상으로 촬영하여 유튜브에 올린 다음 학생들에게 그 링크 주소를 안내하면 학생들에게는 큰 도움이 될 수 있다.

대바늘을 활용한 환경교육을 하기 위해서는 학년 초 실과 학습 준비물로 대바늘과 패브리안 실 구매를 위한 예산을 확보할 필요가 있다. 초등학교에서 환경 동아리 활동으로 할 수도 있고, 초등학교 3학년 이상이면 간단한 대바늘의 겉뜨기나 안뜨기 기술을 이용하여 생활 소품을 충분히 만들 수 있다.

요즘은 컬러 양말목을 이용하면 대바늘과 같은 기구 없이 손으로 뜨개질을 손쉽게 할 수도 있다. 양말목 수업은 저학년부터 적용하기 좋다. 원래 양말목은 폐기물로 나오는 섬유를 잘라 재활용(upcycling)하여 새로운 생활 소품을 만들어 사용하는 것이기 때문에 환경교육으로 큰 의미가 있다고 본다. 다양한 색을 배색하여 학생들이 손으로 직접 만들어 보면 성취감도 맛볼 수 있다.

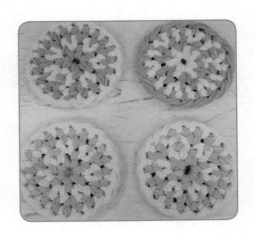

업사이클링(upcycling)은 버려지는 제품을 단순히 재활용하는 차원을 넘어 친환경적인 디자인이나 아이디어, 기술 등의 가치를 부가하여 새로운 제품으로 재탄생시키는 활동이다.

생태 환경용 뜨개질 활동

🌸 활동 가이드

뜨개질 교육 전

1. 사전 안전교육
2. 생태환경을 위해 뜨개질로 어떤 생활소품을 만들어 볼까?
3. 미리 준비해야 할 준비물은?

뜨개질 교육 중

1. 뜨개질 기초 배우기(코 만드는 법부터 겉뜨기까지)
2. 겨울나무 옷 만들기 완성

뜨개질 교육 후

1. 겨울나무에 옷 입혀 주기 활동
2. 겨울나무에 옷 입혀 주기 활동 후 소감 나누기

🍁 활동 내용

뜨개질 교육 전

🌐 1. 사전 안전교육

1. 가위를 다룰 때는 손을 다치지 않게 주의한다.
   ※ 유치원, 초등학교 저학년은 부모님이나 선생님이 대신 잘라준다.
2. 대바늘의 끝이 뾰족하기 때문에 사람을 향하지 않도록 주의한다.
3. 대바느질을 하다가 잠시 멈출 때는 코가 빠지지 않도록 코막음이나 대바늘의 끝에서 멀리 코를 넣어서 보관한다.

2. 생태환경을 위해 뜨개질로 어떤 생활 소품을 만들어 볼까?

- 모둠이나 개인별로 생태환경을 위해 뜨개질로 어떤 생활 소품을 만들면 좋을지 조사해
  서 발표해 보자.

세이브더칠드런 신생아 모자 뜨기	뜨개질 수태 화분 만들기
아프리카는 일교차가 심해 갓 태어난 신생아들은 체온유지를 위해 털모자가 필요하다. 세이브더칠드런의 신생아살리기 모자 뜨기 캠페인에 참여하면 된다. (02-6900-4465) http://www.sc.or.kr	대바늘로 예쁘게 떠서 주머니 형태로 만들어 준다. 흰색 주머니에 수태를 채우고 모종을 넣어서 바가지에 물을 넣어 수태 화분을 10분 정도 푹 담근다. 이후 종이끈으로 수태 화분을 연결하여 고리를 만들어 실내 문고리에 걸어 주면 끝! 우리집 실내 습도를 높여 줄 수태 화분이다. 네이버에 '수태 화분'으로 검색하면 많이 나온다.

겨울나무 옷 입히기

길거리에 있는 가로수에 겨울옷을 입힌 것을 볼 수 있다. 겨울에 따뜻한 곳을 찾아 월동을 하는 해충의 특성을 이용해 잠복소로 유인한 뒤 봄이 되면 이 부분을 소각한다. 한마디로 해충의 덫이라고 볼 수 있다. (참고) 잠복소란 월동을 위해 해충이 나무에서 땅 밑으로 내려오게 되는데 이때 해충이 겨울을 날 수 있도록 짚이나 새끼 등으로 나무 기둥 쯤에 따뜻한 공간을 만들어 주는 것으로 유인된 해충을 봄에 태워버림으로써 그 속의 해충들을 제거하는 병충해 방제의 한 방법이다.

🌏 3. 미리 준비해야 할 준비물은?

굵은 패브리얀(0.5cm), 8mm 대바늘, 가위

※ 내가 만들 겨울나무 옷의 크기를 측정하기 위해서 학교 안에 있는 나무의 둘레 길이를 측정한다. 대략 겨울나무 옷의 가로와 세로 사이즈를 얼마 정도 할 것인지 측정해서 온다.

뜨개질 교육 중

🌏 1. 뜨개질 기초 배우기 (코 만드는 법부터 겉뜨기 까지)

순서① 두 가닥으로 실을 만든다.

순서② 코 만들기-두 가닥으로 첫 코를 만든다.

겉뜨기를 한다.

🌐 2. 겨울나무 옷 만들기 완성

3가지 색으로 겉뜨기를 반복하여 각각 완성한 다음 이어서 붙이면 겨울나무 옷이 완성
된다.

8. 생태환경 영화 감상하기

영상 세대라고 할 수 있는 요즘 학생들에게 영화나 애니메이션을 통해 생태 환경 교육을 하면 그 효과는 배가 될 수 있다. 환경 오염과 기후 변화에 대한 심각성을 다루는 영화 중에 '인터스텔라(2014년 개봉작, 2시간 49분 상영 시간)'가 있다. 이 영화는 환경 변화로 인류가 겪게 될 식량난을 다룬다. 영화 감상 후 학생들은 생태환경과 관련된 자신의 경험을 떠올리며 영화 감상문을 작성하는 활동을 이어나가면 된다.

먼저 학생들이 보기 좋은 생태환경 영화 4편 정도를 소개하고자 한다.

🌍 2040 (2019)

'2040'은 감독과 주연 배우가 동일 인물이다. 감독이자 주연 배우인 '데이먼 게모우'는 네 살배기 딸에게 보내는 영상 편지라는 형식을 통해 우리에게 오늘날 우리가 지구환경을 살릴 수 있는 최선의 선택지는 무엇이며 어떻게 접근해야 하는지에 대한 질문을 던진다. 2040년의 아름다운 미래가 사실은 지금부터 충분히, 분명히, '가능'하다는 확신을 가지고 정답을 찾아 간다. 전통적인 다큐멘터리 형식에 뛰어난 영상 효과는 우리를 이 작품에 빠져들게 하고, 영화는 지구 환경 문제에 대한 가장 현실적인 해법을 제공한다.

🌏 빌리와 용감한 녀석들3 (2014)

시리즈 중에 2014년 5월 어린이날에 절찬 상영했던 '빌리와 용감한 녀석들3'은 자신이 사람이라고 믿는 정글의 아웃사이더 '빌리'가 인간이 되기 위해 태양의 도시 속 왕궁으로 떠나는 이야기이다. 정글 생활이 힘든 외톨이 청개구리 '빌리'는 자신이 원래 사람이었다는 말만 믿고, 다른 사람이 되기 위해 인간들의 도시로 가겠다고 결심한다. 그리고 그의 꿈을 응원하는 절친 날다람쥐 '샌디', 수다쟁이 앵무새 '테런스' 등이 이 여행에 동참하게 된다. 하지만 사나운 악어의 공격을 받고 무서운 인간들까지 만나면서 아슬아슬한 모험을 하게 되는 '빌리'와 용감한 녀석들! 이 영화는 생태계 안에서 인간이 최고의 존재가 아니라는 교훈을 주고, 상대의 단점보다 장점을 크게 보는 법 등을 어린이 눈높이에 맞춰 보여 준다. 그 밖에도 열등감을 긍정적으로 극복하는 법 등 어린이들이 이해하기 쉽도록 한 그야말로 어린이 맞춤형 생태환경 영화다.

🌏 로렉스 (2012)

 '슈퍼배드' 제작진이 2012년에 만든 생태환경 영화로 모든 환경이 인공적으로 만들어진 플라스틱 도시 '스니드빌'에 사는 소년 '테드'와 나무요정 '로렉스'가 세상을 바꾸기 위한 환상적인 모험 이야기를 담은 애니메이션이다. 테드는 자신이 좋아하는 오드리가 간절히 원하는 '살아있는 나무'를 찾기 위해 아무도가 본 적이 없는 바깥세상으로 모험을 떠나게 된다. 결국은 모든 것이 아름다운 환경을 이루지만 인공적인 물질들로 이루어진 곳에서는 살 수 없음을 보여 주는 영화다.

🌏 북극의 눈물 (2008)

 '북극의 눈물'은 현재 기후 변화로 몸살을 앓고 있는 북극의 자연과 동물들의 삶에 대해 다루는 영화다. 수많은 북극 생물들이 얼음과 함께 생사의 기로에서 사투를 벌이고 있는 현실을 생생한 영상으로 우리에게 전달하고 있다. 특히 이 영화는 기후 변화로 인해 녹고 있는 북극의 상황과 더불어 동물과 사람들이 그 환경에서 어떻게 살아가고 있는지를 잘 보여 주는 다큐멘터리 형식의 영화라서 감동이 더 크다.

생태환경 영화(애니메이션)를 가지고 생태환경교육을 어떻게 할 것인가? 먼저 학생들은 교실 안이나 바깥 놀이 활동을 통해 생태환경 활동을 먼저 할 수 있다. 이 활동을 하기 전, 도입 단계에서 흥미 유발을 목적으로 영화의 일부분을 보여 주고 학생들이 오늘 학습할 내용과 자연스럽게 연결 지을 수 있도록 수업을 설계할 수도 있다.

또 생태환경 영화를 학생들에게 보여 주고, 영화 감상문을 쓴 후 발표하는 수업을 하는 것도 좋다. 다음은 후자의 예를 통해 생태환경 영화 감상문 쓰기 수업을 설계해 보았다.

영화 속 생태환경 수업 활동

🍁 활동 가이드

스토리텔링 활동

1. 지구의 생태환경 문제에 대해 함께 이야기해 보기
2. 지구의 생태환경 영화를 조사하고, 발표해 보기

영화 감상하고 감상문 쓰기

1. 모둠에서 정한 영화를 반 전체가 함께 감상하기
2. 영화 감상 후 소감을 함께 나누기
3. 영화 감상문 쓰기

영화 감상문 발표하기

1. 영화 감상문 발표하기

🍁 활동 내용

스토리텔링 활동

🌍 1. 지구의 생태환경문제에 대해 이야기해 보기

준비물 모둠별 A4 종이 한 장씩, 필기구

① 학생 4명을 한 모둠으로 하여 3~4모둠으로 구성한다.

② 모둠이 구성되면 지구의 생태환경 문제에는 어떤 것들이 있는지 유목화하여 분류해 본다. (물 오염, 공기 오염, 토양 오염 등)

③ 모둠원들이 유목화한 분류 기준에 따라 다시 세분화하여 분류하여 본다.
   (물오염 - 바다 ·강 ·하천 오염 등/공기 오염 - 미세 먼지·실내 공기 오염 / 토양 오염 - 농약사용에 따른 오염/쓰레기 매립에 따른 오염/소나 돼지 등 가축에 의한 오염 등)

④ 우리가 찾은 분류 기준에 따라 지구 생태환경 문제를 다룬 영화를 모둠에서 찾아보자.

🌍 2. 지구의 생태환경 영화를 조사하고 발표하기

준비물 모둠별 A4 종이 한 장씩, 필기구

① 학생 4명을 한 모둠으로 하여 3~4모둠으로 구성한다.

② 모둠이 구성되면 지구의 생태환경 문제를 다루는 영화 조사를 과제로 부여한다. 모둠 구성원은 영화 한 편을 정하고 각자 영화에 대한 줄거리 등을 정리해서 준비해 온다.

③ 모둠원 중 한 사람이 A4 종이에 모둠원들이 준비해온 영화에 대한 줄거리 등을 정리해서 작성한다.

④ 모둠별로 정리한 영화별 줄거리를 발표하는 시간을 가진다.

영화 감상하고 감상문 쓰기

🌐 1. 모둠에서 정한 영화를 반 전체가 함께 감상하기

❶ 모둠별로 조사한 생태환경 관련 영화를 함께 감상한다.

❷ 모둠장이 대표가 되어 영화가 끝난 다음에 감상평을 간단하게 발표한다.

🌐 2. 영화 감상 후 소감을 함께 나누기

❶ 학급 전체 학생이 작성한 감상문을 발표한다.

❷ 표를 이끄는 사회자는 모둠별로 대표(모둠장)가 한다.

🌐 3. 영화 감상문 쓰기

로렉스 영화 감상문

_____학교 _____학년 ___반   이름 : _____

세상을 바꾸기 위한 용감한 소년의 환상적인 모험이 펼쳐집니다! 공기도, 물도, 바람도 모두 인공적으로 만들어낸 최첨단 도시 스니드빌에 살고 있는 테드는 옆집에 사는 소녀 오드리를 좋아합니다. 그녀의 마음을 얻기 위해 테드는 오드리가 간절히 원하는 '살아있는 나무'를 찾기 위해 아무도 가 본적 없는 스니드빌 바깥세상으로 모험을 떠납니다! 나무와 로렉스에 얽힌 비밀을 알고 있는 단 한 사람, 원슬러를 찾아간 테드는 나무요정 로렉스에 관한 놀라운 비밀을 알게 되는데…… 과연 테드는 로렉스를 만날 수 있을까요? 진짜 살아있는 나무를 찾을 수 있을까요?

https://www.youtube.com/watch?v=3PugwyMOmOI

별점 : ☆☆☆☆☆   한줄평 :

◎'로렉스'영화에 나오는 등장인물들의 성격을 파악해봅시다.

로렉스	테드 위긴스	원슬러	오드리	

◎'로렉스'를 보고 기억에 남는 장면을 그림으로 표현해봅시다.

	♥이 장면이 기억에 남은 이유를 써 보세요.

◎ 생태환경문제와 연관하여 이 영화를 본 후 감상문을 써 봅시다.

영화 감상문 발표하기

학생들은 영화 감상문을 작성한 후 영화를 통해 무엇을 보고 느꼈는지 학생들 앞에서 이야기하는 시간을 갖는다.

9. 생태환경 주제로 연극 꾸며보기

교실에서 할 수 있는 연극의 또 다른 형태는 즉흥극과 공연극이다

　즉흥극은 배우들이 미리 준비한 대본 없이 자기가 느끼는 대로 말하고 행동하는 짧은 형태의 극이다. 반면, 공연극은 대본과 연출에 의해 진행되며 관객이 있다. 잘 짜인 구성에 따라 연습과 반복을 통해 배우들은 실수 없이 관객들에게 공연을 한다.

생태환경 연극 수업을 계획할 때 고려해야 할 점 몇 가지를 살펴보면 다음과 같다.

　첫째, 연극 수업을 학기 중반에 배치하는 것이 좋다. 연극 수업을 학기 말에 미뤄서 배치하다 보면 연극 수업이 날림 공사처럼 될 수 있다. 충분히 시간적 여유를 가지고, 교사의 체계적인 계획을 통해 17~20차시 정도를 배당하는 것을 권장한다.

　둘째, 연극 수업의 주제를 학생들의 생활과 연관된 주제로 하는 것을 추천한다. 생태환경 주제로 연극 수업을 재구성하여 생태환경 프로젝트의 한 줄기로 연극 수업을 실시한 결과 학생들의 수업 집중도와 수업 참여도가 높았다.

　셋째, 연극 교육의 핵심이라 할 수 있는 인물에 대한 충분한 이해와 해석이 선결되어야 한다. 학생들이 대본을 작성했지만 책을 읽는 것처럼 하는 것은 연극이 아니다. 연극은 작품 속의 인물이 되어 인물의 상황, 감정을 관객에게 잘 전달될 수 있게 연기하는 것이 중요하다.

[교과 과정에서 연계 지도할 수 있는 연극수업_부록]

| 1. 주제 선정 | 2. 스토리 및 플롯 구성 | 3. 등장인물 설정 | 4. 대본 작성 | 5. 오디션 |
| 6. 소품, 의상, 분장, 음향 준비 및 확정 | 7. 무대 꾸미기 | 8. 리허설 | 9. 무대공연 | 10. 팔로우업 |

공연중심 연극의 진행 과정

연극 수업 설계 tip

1. 연극 수업은 교육과정 재구성이 필수이다.

연극 수업은 블록 시간(1, 2차시)을 추천한다. 한 시간으로 학생들의 다양한 끼를 발산할 수 없기 때문에 2차시를 연차 시로 블록 시간 구성은 필수이다. 또한 이 시간에 학생들이 생각하고, 협의하며 만들어 가는 학생 참여식 수업이 될 수 있도록 한다.

2. 학기 초에 협력 강사인 예술 강사가 있다면 함께 수업 계획을 수립하는 것이 필요하다.

학교에 따라서 협력 강사인 예술 강사가 연극 수업을 지원하는 경우도 있다. 이 경우 전체 연극 수업의 주제를 생태환경교육으로 할 것이라는 내용과 구체적으로 교육과정의 어떤 부분을 재구성할지 서로 협의하여 결정하는 것이 필요하다.

3. 교실 자리 배치는 모둠별 활동이 용이한 'ㄷ' 자형 자리 배치가 좋고, 모든 학생이 움직일 수 있는 'ㅁ'자 형 자리 배치도 유용하다.

특히 'ㅁ'자 형 자리 배치는 교실 공간 전체를 최대한 활용하는 것이다. ('ㅇ'자 배치도 동일하다)

4. 학생들의 주의 집중과 수업에 대한 몰입을 유도하기 위해 소품 및 배경 음악은 필수이다.

(1) 에너지 차임벨 : 교사는 학생들이 정지 동작을 할 때 개개인의 역할이 무엇인지 질문하게 된다. 차임벨을 듣고 지명된 학생은 자신이 표현한 내용이 무엇을 뜻하는지 말하거나 추가적인 동작을 보여주도록 약속한 후 사용할 수 있다.

(2) 슬레이트(학생) : 학생들이 즉흥극을 시작하거나 끝낼 때 이용하는 것으로, 활동의 흥미를 더하고 시작과 끝을 알려 주기 위한 용도이다.

(3) 기타 : 교실에 있는 청소 도구, 필기구, 종이, 신문 등도 학생의 상상력을 키울 수 있는 소품이 될 수 있다.

생태환경 연극 활동

🍁 활동 가이드

연극 활동 전

1. 연극에 대해 알아보기
2. 연극을 위한 대본 작성하기
3. 연극 무대 꾸미기

연극 활동 중

1. 연극 대본 리딩 연습하기
2. 연극 리허설 하기(교실 수업)
3. 연극 리허설 하기(온라인 수업)

연극 발표회

1. 연극 무대에 올리기
2. 연극 발표회 소감 나누기

🍁 활동 내용

연극 활동 전

🌏 1. 연극에 대해 알아보기

연극이란 말과 몸짓으로 표현하는 행위 예술의 한 형태이다. 연극의 대본을 가지고 무대에서 극 속의 인물이 되어 연기하며 관객에게 보이는 것을 말한다. 이러한 연극은 무대, 조명, 음악의 연출 효과에 따라 연극의 전달력이 달라질 수 있다.

학교 연극 수업에서는 학생들이 직접 연극의 대본을 직접 써 보고, 연극을 위한 연출 무대를 꾸며 보는 경험을 하는 것도 연극을 배우는 좋은 방법이다. 처음부터 완벽한 대본을 쓰고, 멋진 연출 무대를 꾸미는 것보다 조금 서툴더라도 친구들과 함께 멋진 무대를 만들어 가는 경험이 무엇보다 중요하다 하겠다.

🌏 2. 연극을 위한 대본 작성하기

《푸른 사자 와니니》를 읽고 연극으로 나타내고 싶은 장을 하나 골라 연극 대본을 직접 써 보자. 이는 모둠 활동으로 진행한다.

《푸른 사자 와니니》 읽기 후 - 극본 만들어 연극하기

- 때 :
- 곳(장소) :
- 등장 인물 :

연극 활동 중

1. 연극 대본 리딩 연습하기

2. 연극 리허설 하기 (교실 수업)

연극 발표회

🌏 1. 연극 무대에 올리기

🌏 2. 연극 발표회 소감 나누기

- 나에게 연극은 (　　　)이다.

> 나에게 연극은 (박물관)이다.
> 왜냐하면 연극 속에는 다양한 사람들의 삶이 박제되어 있는 박물관 같기 때문이다.
> 나에게 연극은 (다른 세계)이다.
> 왜냐하면 연극 안에는 다양한 세계가 있고, 다양한 인물이 있기 때문이다.
> 나에게 연극은 (한 편의 영화)이다.
> 왜냐하면 영화 속에서 다른 사람들의 인생을 살아볼 수 있기 때문이다.
> 나에게 연극은 (웹툰)이다.
> 왜냐하면 어렵게 느껴졌던 연극이 하면할수록 쉽고 재미있게 느껴지기 때문이다.
> 나에게 연극은 (꿈)이다.
> 왜냐하면 내가 꿈꾸는 세상이 연극으로 완성될 수 있기 때문이다.

10. 생태환경 주제로 낭독극 꾸미기

낭독극이란 연극과 문학이 만난 독특한 방식의 연극 형태이다.

낭독극은 배우들이 시를 낭송하거나 소설의 한 구절을 읽듯이 대사를 주고 받으며 진행하는 연극이다. 무대에서 상연을 위해 제작된 대본을 의상, 분장, 무대 장치, 조명, 단순한 동선 없이 배우들의 목소리로만 전달하기 때문에 낭독극을 감상하는 관객들은 시각적 자극보다는 소리에 더욱 집중할 수 있다. 또한, 의상이나 분장, 무대 장치 등에 많은 예산이 소요되는 일반 연극과는 달리 적은 예산으로 무대를 꾸밀 수 있다는 장점이 있다. 낭독극은 고학년 학생들이 접근하기 편하기 때문에 고학년에게 낭독극을 추천한다.

낭독이란 '글을 소리 내어 읽음'이라는 의미를 가지고 있다. 낭독은 문자를 음성으로 바꾸면서 정서와 감정을 실어서 상대에게 전달하는 방법으로 주로 문학 작품이나 연극의 대사를 읽을 때 적용된다.

낭독의 형식으로는 혼자서 읽기, 여러 사람이 함께 읽기, 몇 사람이 분담해서 차례로 읽기, 배역을 정해서 읽기 등 여러 가지 다양한 방법이 있다. 이런 낭독은 극적 표현 기술을 익히기에 적합하다. 낭독할 때 먼저 텍스트의 내용을 충분히 이해하고 그 내용이나 이미지, 정서 등을 듣는 사람에게 정확하고 효과적으로 전달할 수 있도록 해야 하기 때문에 목소리의 크기와 빠르기, 정확한 발음, 끊어 읽기 등이 중요하다.

낭독극은 다음과 같은 교육적 가치가 있다.

첫째, 낭독극은 학생들이 공연 준비에 들이는 시간과 노력에 대한 부담을
덜 수 있다.

둘째, 낭독극은 학생이 중심이 된 활동이다.

셋째, 낭독극은 학생이 작품을 내면화하여 작품을 이해하는 데 도움이 된다.

넷째, 낭독극은 학생이 자신감을 키울 수 있다.

다섯째, 낭독극은 학생이 협력하여 활동하므로 협동심을 키울 수 있다.

생태환경 낭독극 활동

🌸 활동 가이드

낭독극 활동 전

1. 낭독극에 대해 알아보기
2. 낭독극을 위한 대본 작성하기
3. 낭독극 무대 꾸미기

낭독극 활동 중

1. 낭독극 대본 리딩 연습하기
2. 낭독극 리허설 하기(온라인 수업)
3. 낭독극 리허설 하기(교실 수업)

낭독극 발표회

1. 낭독극 무대에 올리기
2. 낭독극 발표회 소감 나누기

🍁 활동 내용

낭독극 활동 전

🌏 1. 낭독극에 대해 알아보기

낭독극이란 연극 분야에서 동작 없이 주로 출연자의 화술에 의해 진행되는 극을 말한다.

🌏 2. 낭독극을 위한 대본 작성하기

《푸른 사자 와니니》를 읽고 낭독극으로 나타내고 싶은 장을 하나 골라 낭독극 대본을
직접 써 보자. 이는 모둠 활동으로 진행한다.

> 해설
> 비가 내렸다. 비는 모든 초원을 적셨다. 초원의 모든 동물들은 모두 평화로웠다.
> 어디에나 물이 흘렀고 풀이 자랐다. 갓 태어난 사냥감들이 사방에 널려 있었다.
> 와니니들도 좋은 계절을 맘껏 누렸다.
>
> 와니니: 이제 날도 좋아졌으니 가젤을 노려볼까?
>
> 해설
> 와니니들은 갈수록 사냥 실력이 늘어갔다.
> 마음만 먹으면 사냥할 수 있었다.
>
> 아산테: 이제 배도 부르고 굶을 일도 없으니까 영토라도 있으면 좋겠다.
> 무투와 세 아들은 얼마나 좋을까? 우리도 여길 영토로 삼으면 얼마나 좋을까?
>
> 잠보: 그런데 요즘 무투네 무리가 너무 유난스럽지 않아요?
> 자기 영토가 아닌 곳까지 흔적을 남기고 다니잖아요.
> 여기 뿐만이 아니에요. 남의 영토에까지 흔적을 남기고 다녀요.
> 그건 싸움을 거는 거거나 다름없잖아요. 대체 왜 이러는 거죠?
>
> 아산테: 좀 있으면 큰일이 일어날 것 같은 느낌이야.
>
> 잠보: 혹시 그날밤과 관련되어 있는거 아냐?
>
> 해설
> 와니니는 아무것도 모르겠다는 눈으로 아산테와 잠보를 쳐다보았다.
>
> 아산테: 무투와 세 아들들이 마디바의 영토를 침입한 사건 말이다..
>
> 해설
> 무투와 세 아들? 마디바의 영토? 침입?
> 와니니는 그 모든 것이 이해가 되지 않았다.
>
> 아산테: 그날 밤 나랑 잠보가 너를 처음 만난 날 말이다.
> 그 날 말라이카를 공격한건 무투와 세 아들이었어.
> 왜 그렇게까지 말라이카를 해쳤을까 그게 아무래도 이상했거든.
> 아무래도 남의 영토를 몰래 염탐한게 들통 날까봐 그랬던 것 같아.

푸른사자 와니니
낭독극 대본

🌏 3. 낭독극 무대 꾸미기

낭독극 무대를 위한 뒷배경을 파워포인트 화면으로 띄워서 활용해 보자.

 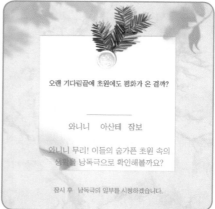

낭독극 활동 중

 1. 낭독극 대본 리딩 연습하기

2. 낭독극 리허설 하기(온라인 수업)

 3. 낭독극 리허설 하기(교실 수업)

🌏 1. 낭독극 무대에 올리기

- 낭독극 활동을 마친 소감

책을 읽을 때와 다르게 낭독극을 하면서 책을 좀 더 실감나게 느끼고 이해하게
되어 좋았다. (문○○)

낭독극을 준비하면서 친구들과 더욱 친해지게 되었고, 연극을 좀더 이해하고
배우는 시간이어서 좋았다. (이○○)

1. 서울삼정초등학교 (서울시 강서구 금낭화로) 운동장
2. 학교 텃논
3. 학교 연못 및 정원

PART 2

학교에서
만나는
생태환경

1. 생태환경 탐사를 준비해 볼까?

협력적 프로젝트 수업이란?

협력적 프로젝트 수업은 학생들이 여러 명씩 팀을 이루어 학습하고자 하는 특정 주제를 선정하여 학습 내용과 방법을 선택하고 해결 방안을 기획하며 협력적인 탐구를 통해 과제를 스스로 해결해 가는 형태의 수업이다. 협력적 프로젝트 수업은 학생의 자율적 학습 역량을 신장하는데 도움이 되며 실제적인 지식을 형성하는 데 매우 효과적이다. 또한 사회적 기술을 향상시키고 문제 해결력, 비판적 사고력, 창의력과 같은 고차원적 사고 능력을 향상시키는 데 효과가 있다.

2015 개정 교육과정에서 강조하고 있는 학생 참여 선택 활동이란 '교사가 무엇을 어떻게 가르칠 것인가'에서 '학습자가 배운 내용을 가지고 무엇을 할 수 있어야 하는가'로 교수·학습의 초점을 이동시킨 활동이라고 볼 수 있다. 즉, 주입식 수업 방식에서 벗어나 학생들이 수업 과정에 적극적으로 참여하는 학생 중심의 참여와 활동을 근간으로, 토론하고 발표하고 실행하고 협력하며 배우는 수업이다. 학생이 교육 내용과 활동을 주체적으로 선택하여 활동하는 수업은 학습 동기를 키워 학습 목표를 달성하는 중요한 계기가 된다. 그렇기에 생태환경 탐사 활동에서도 학생이 프로젝트 계획 수립 단계에서 자기 주도적으로 교육 내용과 활동을 선택할 수 있도록 설계하는 것이 중요하다.

협력적 프로젝트 수업은 교사·학생·학부모·마을 자원 모두가 성공적인 프로젝트 수업을 위해 상호 유기적으로 협력하고 상호작용한다. 가능하다면 마을결합형 교육과정을 운영하는 것도 좋은 방법이다. 마을결합형 교육과정을 운영할 때 꼭 필요한 것이 운영협의체 구성이다. 운영협의체는 교사·학부모·마을 자원으로 구성되며 프로젝트 학습 기획 단계에 이들의 협조를 구할 수 있는 부분을 역할 분담하여 운영하면 교사의 부담이 줄 수 있다.

　협력적 프로젝트 수업을 위해서는 교사용 계획서(기획서)와 학생용 계획서가 필요하다.

① 프로젝트 교사용 계획서 :
　교사가 프로젝트 수업을 계획 및 실행해 나가는 과정을 기록
② 프로젝트 학생용 계획서 :
　학생(모둠) 스스로 프로젝트를 계획하고 실행해 가면서 기록

　협력적 프로젝트 수업 기획은 주제 및 학습 목표, 다루게 될 교과 및 내용, 프로젝트 수업을 위해 사용할 텍스트, 차시별 수업 안, 프로젝트 결과의 표현과 평가 방법 등을 결정하는 것을 말한다. 이 과정에서는 프로젝트 주제를 선정하고 기획하는 교사의 의도가 그대로 드러나기 때문에 교사는 이 단계에 많은 노력과 시간을 쏟아야 한다.

　협력적 프로젝트 수업은 학습자가 주가 되는 수업이기 때문에 학습자가 문제를 해결하는 방법을 알고 해결하기까지 교사 중심의 수업보다 많은 시간이 필요하다. 또한 프로젝트 수업에서 요구되는 학생들의 역량은 한 번에 신장되지 않기에 프로젝트 학습 과정에서 기본적인 역량을 모두 갖추는 것만으로도 충분하므로 교사는 여유롭게 접근해야 한다.

[프로젝트 교사·학생용 계획서 예시_부록]

협력적 프로젝트 수업 절차

프로젝트 학습	학습 단계	활동 사진
기획하기	프로젝트 기획하기 → 마을결합형 운영협의체 회의 (교사, 마을자원, 학부모)	
주제 결정하기 (준비)	* 주제 선정: 개화산 생태 탐사 (1차시)	
활동 계획하기 (준비)	모둠 구성하기 및 모둠별 연구 계획 작성하기 (2차시)	
탐구 활동하기 (실행)	개화산 생태 탐구 활동 (3차시)	
발표하기 (결과물 완성)	전시 및 감상 활동하기 (4차시)	

성찰하기 (성찰)	자기 평가하기 (5차시)		

협력적 프로젝트 수업 활동

🍁 활동 가이드

협력적 프로젝트 수업 교사 계획 세우기

1. 협력적 프로젝트 수업이란?
2. 교육과정 분석을 통한 교육과정 재구성
3. 프로젝트 주제로 대주제 정하기
4. 마을결합형 교육과정 운영협의체 회의

협력적 프로젝트 수업 학생 계획 세우기

1. 프로젝트 주제 선정
2. 모둠 구성 및 모둠 활동 계획서 작성하기

활동 내용

협력적 프로젝트 수업 교사 계획 세우기

 1. 협력적 프로젝트 수업이란 ?

유튜브 동영상

> ① 프로젝트 수업은 어떤 방법으로 이루어지나요?
> ② 어떤 주제로 프로젝트 수업을 하게 되나요?
> ③ 어떤 내용으로 프로젝트 수업을 하게 되나요?

 2. 교육과정 분석을 통한 교육과정 재구성

> ① 교사는 프로젝트 수업을 하기 전에 교육과정 분석을 통해 대주제를 먼저 생각하고, 교육과정을 재구성한다.
> ② 교사의 기획 단계가 끝난 다음에 학생 계획이 이루어지는 것이 아닌, 학생 계획 단계와 함께 병렬적으로 운영될 수 있다. 또한 언제라도 교사의 기획은 학생의 계획에 반영될 수도 있고, 학생의 계획에 따라 교사의 기획이 수정될 수도 있어야 한다. 그만큼 교사와 학생이 상호작용하면서 만들어가는 교육과정을 구현한다고 보면 될 것이다.

 3. 프로젝트 주제로 대주제 정하기

교육과정 분석을 통해 교과 간 통합 주제로 대주제를 선정한다. 예를 들어 '생태환경교육', '인권교육', '민주시민교육' 등과 같은 주제를 선정할 수 있다.

① 프로젝트 수업은 우선 출발점부터가 전통적 수업과의 단절을 전제한다. 분절적 교과 중심의 정돈된 내용에 대한 이해를 중심으로 이루어지던 전통적 학습 내용과 달리, 프로젝트 수업은 실생활과 학습의 연계를 추구하고, 복잡하고 비구조적이며 교과 통합적인 과제 해결을 목적으로 한다.
② 교과서나 교사에 의존하던 단순한 학습 자원은 다양한 자료(동영상·뉴스·신문·영화·책·교사·관련 외부인 등)를 포함한 학습 자원으로 확장된다.

 4. 마을결합형 교육과정 운영협의체 회의

① 마을결합형 교육과정을 운영할 때 꼭 필요한 것이 운영협의체 구성이다. 운영협의체는 교사, 학부모, 마을자원으로 구성되며 프로젝트 학습 기획 단계에 이들의 협조를 구할 수 있는 부분을 역할 분담하여 운영하면 교사의 부담이 줄 수 있다.
② 협력적 프로젝트 수업은 교사·학생·학부모·마을 자원 모두가 성공적인 프로젝트 수업을 위해 상호 유기적으로 협력하고 상호작용한다. 가능하다면 마을결합형 교육과정을 운영하는 것도 좋은 방법이다.

협력적 프로젝트 수업 학생 계획 세우기

 1. 프로젝트 주제 선정

① 브레인스토밍 방법으로 다양한 의견을 낸다.
② 주제 선정을 위한 주제망을 만들고, 주제를 선정한다.
③ 프로젝트 주제에 대해 발표한다.

2. 모둠 구성 및 모둠 활동 계획서 작성하기

① 협력적 프로젝트 학습은 짧은 기간 활동하는 모둠이 아니므로 모둠 구성에 신중을 기해야 한다.

② 모둠 구성에 있어서 프로젝트를 이끌고 갈 능력과 흥미를 가진 학생을 먼저 모둠의 이끔이로 선정한다.

③ 모둠의 이끔이가 나머지 학생들을 친밀감, 남녀 구성, 성격 등을 고려해서 선택한다.

④ 교사는 모둠의 조정이 필요할 경우 학생들의 양해를 구하고 조정할 필요가 있다.

⑤ 모둠 구성은 4~5명으로 구성하는 것이 좋다. 모둠 구성은 이끔이(리더), 기록이(기록자), 제공이(자료 제공), 점검이(성찰일지 기록)로 이룬다.

2. 학교에는 어떤 식물이 살고 있을까?

초등학교 등굣길에 피어 있는 덩굴장미

등굣길 덩굴장미가 아름답게 피어있는 모습을 보면서 학교에 등교하는 학생들의 표정은 밝고 명랑하다. 학교는 학생들이 꿈을 키우며 자라는 학습장이다. 등굣길에 피어 있는 자그마한 꽃 한 송이에도 학생들은 관심을 가지며 정서적 안정을 취할 수 있다. 한 생명의 성장 과정을 짧은 기간 동안 관찰하면서 생명의 소중함도 함께 느끼게 된다.

학교에는 야생화부터 시작해서 가꾸고 기르는 교재원의 식물들까지 많은 식물들이 오늘도 땅의 기운을 받아 자라고 있다. 몇몇 학교는 작은 연못을 갖추고 있어 부들, 연꽃, 마름 등의 희귀 수중 식물과 붕어, 잉어, 우렁이 등의 생물들이 함께 살고 있다. 학생들은 자연스럽게 학교를 오고 가면서 수생 동식물의 습성을 탐구할 수 있고, 여름철에는 연못이 뿜어내는 시원한 물줄기에 더위를 식히게 된다. 이렇듯 학교 교재원이나 연못 등 자연학습장을 교육 활동에 적극적으로 활용한다면 학생들의 관찰 및 탐구 능력을 키울 뿐만 아니라 바른 심성을 키워 올바른 인성교육에도 영향을 끼칠 것이다. 이러한 인성교육은 학교폭력 예방의 효과로 이어질 것으로 기대한다.

[교과과정에서 연계 지도할 수 있는 식물 관찰_부록]

초등학교에 자생하고 있는 식물들을 관찰할 때 가장 좋은 대상이 꽃이다. 학생들에게 식물을 관찰하고 관찰 일지를 쓰는 활동을 할 때 그 대상으로 가장 좋은 것이 학교에 피어 있는 꽃이다. 물론 계절에 따라 피는 꽃을 잘 살펴서 관찰 일지를 작성하는 것이 중요하다. 그렇게 하기 위해서는 우리 학교에서 현재 자라고 있는 꽃들을 조사하는 학습이 필요하다. 계절이 맞아 꽃을 피운 꽃도 있을 것이고, 아직 꽃 피는 시기가 아닌 경우도 있을 것이다. 5-6학년의 경우 충분히 우리 학교에 자라고 있는 꽃을 스스로 조사할 수 있다. 교사는 그 형식만 알려 주면 된다. 하지만 2~4학년까지의 학생들에게는 교사가 학교에 자생하고 있는 꽃들을 찾아 컬러사진으로 촬영해서 활동지를 제시하는 것이 좋다. 꽃의 이름을 찾아보고 꽃이 핀 위치나 꽃이 피는 시기 등을 스마트폰으로 직접 찾아보는 수업을 하는 것도 좋다.

봄을 알리는 민들레

화려하면서 강렬한 꽃, 베고니아

금낭화

꽃잔디

우리 학교에 있는 식물에 대해 알아보아요 (1)		학교에 있는 식물에 대해 알아보아요 (2)	
관찰 일자: 20__년__월__일 이 름 : _____		관찰 일자: 20__년__월__일 이 름 : _____	
블루베리	앵두나무		
(인디언)천인국	장미덩굴		
우단동자	사피니아		
딸기	금낭화		

우리 학교에 있는 식물(꽃)

학교 식물 관찰 활동

🌿 활동 가이드

우리 학교에 사는 식물(꽃) 관찰하기

1. 식물을 관찰할 때 주의할 사항 안내
2. 우리 학교에 사는 식물(꽃) 분류하기
3. 네이버 스마트렌즈 기능으로 우리 학교 식물(꽃) 이름 찾기
4. 우리 학교에 사는 식물(꽃)의 관찰 일지 쓰기

식물(꽃)이 우리에게 주는 영향 알아보기

🍁 활동 내용

우리 학교에 사는 식물(꽃) 관찰하기

① 식물을 꺾거나 채집하지 않는다.
② 식물을 관찰할 때 글과 그림으로 표현한다.
③ 처음 보는 식물은 냄새를 맡거나 맛보지 않는다.
④ 벌과 같은 벌레에 쏘이지 않도록 주의한다.
⑤ 관찰 학습 후 손을 비누로 깨끗이 씻는다.

 2. 우리 학교에 사는 식물(꽃) 분류하기

① 잎의 생김새에 따른 식물의 분류
 - 잎이 길쭉한 식물 : 소나무잎, 강아지풀
 - 잎이 길쭉하지 않은 것 : 단풍나무, 토끼풀, 은행나무
 - 잎의 끝 모양이 뾰족한 것 : 소나무, 강아지풀, 단풍나무
 - 잎의 끝 모양이 뾰족하지 않은 것 : 토끼풀, 은행나무
 - 잎의 가장자리 모양이 톱니 모양인 것 : 단풍나무, 토끼풀
 - 잎의 가장자리 모양이 톱니 모양이 아닌 것 : 소나무, 강아지풀, 은행나무
② 꽃의 색깔에 따른 식물의 분류
 -꽃이 붉은색 : 장미덩굴, 나팔꽃
 -꽃이 하얀색 : 딸기, 백합, 나팔꽃, 수선화, 목련, 수국
 -꽃이 주황색 : 천인국, 군자란, 능소화
 -꽃이 보라색 : 금낭화,나팔꽃, 각시투구꽃, 맥문동,목련,수국
 -꽃이 노란색 : 호박꽃, 강아지똥풀, 수선화

- 학교에 사는 식물(꽃)을 분류하는 수업은 학생의 수준에 맞추어 학생이 직접 분류 기준을 세우게 하는 수업부터 하는 것이 좋다.

  (물론 저학년도 교사가 분류 기준을 유도하는 발문을 통해 학생 스스로 분류 기준을 세워 보게 하면 좋다.)

- 분류 기준을 세운 다음 학교에 사는 식물(꽃)을 직접 분류해 볼 수 있도록 한다.

마니쌤의 생태환경 이야기

우리 학교 식물 관찰하기

_____초등학교 ___학년 _반 이름_____

관찰 일시	20__년 ___월 ___일 ___요일
관찰 장소	
관찰할 때 주의할 점	1. 식물을 꺾거나 채집하지 않는다. 2. 식물을 관찰할 때 글과 그림으로 표현한다. 3. 처음 보는 식물은 냄새를 맡거나 맛보지 않는다. 4. 관찰 학습 후 손을 비누로 깨끗이 씻는다.
관찰하고 싶은 점	1) 2) 3) ○ 알고 싶은 점, 궁금한 점 등

식물의 생김새와 특징	
내가 부르고 싶은 너의 이름은?	너의 이름은 _____야! 이렇게 부르고 싶은 이유 (식물의 생김새와 특징과 관련지어)

우리 학교에 사는 식물(꽃) 분류하기 활동지

3. 네이버 스마트렌즈 기능으로 우리 학교 식물(꽃) 이름 찾기

① 스마트폰에서 네이버 홈에 접속한다.

② 페이지 하단/가운데 녹색원형 버튼을 터치한다.

③ 왼쪽 렌즈 버튼을 터치한다.

④ 찍어 놓은 사진 혹은 지금 찍은 사진을 터치한다.

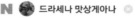

드라세나 맛상게아나 (행운목)
열대 원산종의 원예 변종으로 대형종이다

열대 원산종의 원예 변종으로 대형종이다. 잎은 길이가 약 50~90 cm, 폭은 5cm 내외이다. 잎의 ...

국가농업기술포털

분포 **열대 아프리카**
과명 **백합과**
관리난이도 **쉬움**

출처 : 네이버 스마트렌즈

4. 우리 학교에 사는 식물(꽃)의 관찰 일지 쓰기

① 학교에 사는 식물(꽃) 분류 활동이 끝나면 관찰할 식물(꽃)을 하나 정한다.

② 정해진 실물(꽃)의 생김새나 특징을 일주일 혹은 2주일 단위로 관찰일지를 쓴다.

식물(꽃)이 우리에게 주는 영향 알아 보기

식물이 인간에게 미치는 영향

1) 생존의 질을 높인다. (산소 공급, 이산화탄소 흡수)

2) 식량을 제공한다. (음식재료로 사용)

3) 연료나 사료 또는 비료로 사용한다.

4) 땅의 침식을 방지하고 바람을 조절해 준다.

5) 약재 등 치료 목적으로 사용한다.

6) 인간의 스트레스를 줄여 준다.

3. 학교 상자논 벼는 잘 자랄까?

초등학교에도 벼가 자란다? 벼가 서울 시내 초등학교에서 자랄 수 있을까?

요즘 학생들은 흙을 밟아 볼 기회가 적다. 그리고 제 손으로 기른 작물들을 수확할 기회도 거의 없다. 이런 학생들을 위하여 학교와 지방자치단체가 손을 맞잡고 학교 상자논 기르기를 시작하였다. 우리 학교 현관문을 들어오기 전에 양쪽으로 쭉 늘어서 있는 학교 상자논(텃논)을 발견할

학교 상자논(텃논)

수 있는데, 학생들은 오고 가며 상자논에서 자라고 있는 벼의 생육을 자연스럽게 접하게 되고 관찰하게 된다. 가을 즈음에 학생들은 벼를 수확하여 벼 수확도 하고, 떡메치기 활동에도 직접 참여한다. 학교 상자논 활동은 초등학생들에게 있어 학교 공간 안에서 오랜 시간 공들여 식물을 기르고 관찰하는 자연학습장으로서의 가치를 충분히 가지고 있다.

자연에 대한 호기심과 관찰 욕구가 활발하게 일어나는 시기에 자연을 접할 수 있는 환경을 조성하는 것은 무엇보다 중요하다. 학교 상자논 관찰하기 활동은 학생들의 생태적 감수성과 과학적 탐구 능력을 키우는 데에도 큰 영향을 끼친다.

[교과과정에서 연계 지도 할 수 있는 상자논 관찰_부록]

상자논에서 벼 기르기

학교 상자논은 코로나19로 힘든 시간을 보내는 학생과 선생님들께 정신적인 휴식 공간을 제공하고 마음의 위안을 제공했다.

본격적으로 상자논을 운영하는 방법에 대해 알아보자. 상자논은 햇빛을 잘 받고, 통풍이 잘 되는 장소에 두는 것이 좋다. 벼의 생육에 중요한 것이 일조량이다. 먼저 볍씨를 뿌릴 상자를 마련하고, 상자 안에 영양 성분이 풍부한 거름흙을 넣고, 그 안에 물을 담아 시골 논과 같은 환경을 만들어 준다. 그다음에 볍씨를 뿌리고 한동안 키운다. 이것을 직파법이라 한다. 어느 정도 볍씨가 싹을 틔워 자라면 솎아 주어 벼 사이의 간격을 유지시켜 벼가 잘 자랄 수 있는 환경을 만들어 준다. 하지만 직파법은 협소한 상자논에는 적당하지 않기 때문에 모내기법(이앙법)을 추천한다. 모내기법은 모판에서 수많은 볍씨를 촘촘히 심어 싹을 틔워 키우므로 그 생육 상태를 수시로 관찰하기 편하다. 아직 연약한 어린 벼를 모판에서 보호하며 기를 수 있다는 좋은 점도 있다. 상태가 나쁜 모는 모판 단계에서 뽑아 버리고 건강한 모만 상자논에 옮겨 심는다. 이런 측면에서 단위 면적당 수확량이 직파법보다는 모내기법이 더 높다.

전통적인 이앙법의 단점은 모내기하는 데 노동력이 많이 필요하다는 것이다. 또한 농업 용수가 직파법에 비해 많이 든다. 우리 조상들은 비가 오지 않아 농업 용수가 부족하거나 일손이 많이 부족할 경우 모내기법보다 직파법을 많이 이용했다. 모내기법은 중국에서 12세기 남송 시절에 보편화되었다고 한다. 조선 초기에 농지 용수 부족으로 이앙법을 금지하다가 직파법의 낮은 벼 수확량으로 국력이 약화되어 외세 침입의 단초가 되기도 했다. 조선 중기로 갈수록 삼남 지방(전라·충청·경상)의 곡창 지대에서부터 모내기법이 이용되다가 18세기 후반에는 전국으로 퍼져 쌀 생산량이 증가하게 되었다. 쌀 생산량은 인구 증가와 상업의 발달로 이어졌다.

각 지방자치단체와 농업진흥청 등에서 학교 텃밭(상자논) 지원 사업을 하고 있다. 충청남도 홍성군에서는 도시학교와 친환경농산물 생산자단체(마을) 자매결연 등 도시학교 학생에게 농업과 농촌의 가치와 친환경농업의 중요성을 알리는 학교 친환경농업 실천지원 사업을 진행하고 있다. (충청남도청 식량원예과 문의 ☎ 041-635-4048)

상자논에 벼 기르기 활동 과정

벼는 볍씨를 뿌린 후 발아 > 생장 > 출수 > 성숙 단계를 거쳐 일생을 마친다.

벼의 생장기는 크게 영양 생장기와 생식 생장기로 나뉜다. 영양 생장기는 벼의 잎과 줄기 그리고 뿌리의 영양 기관이 형성되고 커지는 시기이다. 생식 생장기는 벼 알이 생겨나고 익는 시기를 말한다.

① 영양 생장기를 살펴보면, 벼의 발아로부터 어린 이삭이 나오기 직전까지의 기간을 말한다. 이 시기를 다시 묘대기 > 모내기(이앙기) 또는 착근기 > 분얼기로 구분할 수 있다.

단계		특징
묘대기		볍씨를 뿌리고 모내기하기 전까지 벼를 키우는 기간
모내기 또는 착근기		못자리에서 자란 모를 논(상자논)에 옮겨 심는 것을 모내기(이앙)라 하고, 모내기 후 새 뿌리가 나와 뿌리의 기능을 하는 시기를 착근기라 한다. → 물 관리 : 모내기 후 착근이 될 때까지 약 7~10 일간 물을 10cm 정도 댄다.
분얼기		벼가 새 뿌리가 내려 양분과 수분의 흡수 기능이 발휘 된 후 줄기 맨 아래 마디 사이에서 새로운 줄기가 나오는 시기 → 물 관리 : 수심을 3cm 전후로 얕게 유지한다.

② 생식 생장기는 벼 이삭이 분화되어 성숙하는 시기이다. 생식 기관이 분화, 발달하여 벼 알이 완성되는 시기로서 신장기 > 출수기 > 개화기 > 결실기로 구분한다.

단계		특징
신장기		벼 줄기의 마디 사이가 자라 길이가 70~80cm까지 자란 시기 / 어린 이삭이 생기고 벼 껍질이 생기는 시기 ➡ 물 관리: 수잉기* 전후 물이 많이 필요하다.
출수 개화기		벼의 이삭이 가지와 잎 사이에서 벼꽃이 피는 시기 ➡ 물 관리 : 개화 수분한 벼 알이 발육하여 완전한 쌀이 되기까지 약 35일까지는 물이 필요하다.
결실기		개화 및 수분(受粉)이 완료되고 벼 알이 완성되는 시기 / 벼 껍질 속에 벼 알곡이 우유 형태로 저장되는 시기 ➡ 물 관리 : 결실기가 되면 물을 빼주되 바닥이 서서히 마르도록 해야 한다.

　결실기 이후에는 푸른색 벼의 알맹이로 단단해 가는 시기인 호숙기, 벼가 누렇게 익어 가는 시기인 황숙기(현미의 형태), 수분 20% 정도로 수확하는 시기인 완숙기가 있다.

＊　벼나 보리, 밀과 같은 곡식이 여물기 위해 알이 배는 시기

상자논 관찰 활동

🍁 활동 가이드

우리 학교 상자논 관찰하기

1. 상자논 관찰할 때 주의할 사항 안내
2. 벼에 대해 알아보기
3. 학교 상자논의 생태에 대해 알아보기
4. 우리 학교 상자논 관찰 일지 쓰기

🍁 활동 내용

우리 학교 상자논 관찰하기

1. 상자논 체험 활동을 할 때 주의할 사항 안내

1. 상자논에서 심한 장난을 치지 않는다.
2. 어린 이삭은 가능한 눈으로만 관찰한다.
3. 모내기 한 후 손을 비누로 잘 씻어 낸다.
4. 물은 성장 시기에 따라 적당량 주는 것이 좋다.

2. 벼에 대해 알아보기

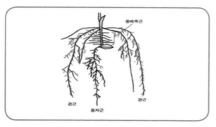

벼 뿌리의 구조

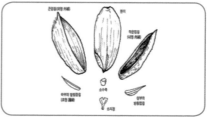

볍씨의 구조

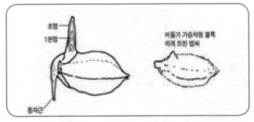

볍씨 싹트기

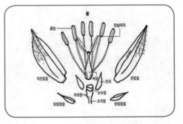

벼꽃의 구조

① 벼의 구조에 대해 교사가 실물을 가지고 설명하면 더욱 좋겠지만 그것이
　불가능하다면 이미지를 이용하여 설명해 준다.
　(충청남도 홍성군에서는 우리 학교와 자매결연한 마을에서 농부 아저씨가
　몇 분 오셔서 일일 교사 역할을 해 주셨다.)
② 벼의 구조를 설명할 때 학년의 수준을 고려하여 설명하고, 너무 지엽적인
　부분은 설명하지 않도록 한다.

3. 학교 상자논의 생태에 대해 알아보기

① 벼농사 달력을 통해 볍씨 고르기(4월)부터 우리 밥상에 쌀이 올라올 때까지
　의 과정을 그림으로 설명해 준다.
② 그림을 통해 설명하는 것이 효과적이다.

볍씨 싹트기

학교 상자논 생장 과정(4~9월)

4. 우리 학교에 사는 식물(꽃)의 관찰 일지 쓰기

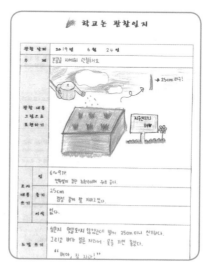

① 학생들이 학교 상자논을 관찰하고 관찰 일지를 쓸 때에 벼의 생장에 어떤 변화가 있었는지 구체적으로 글과 그림을 이용하여 표현할 수 있도록 지도한다.

② 학생들이 벼꽃이나 벼 알맹이를 관찰할 때 루페(×10)를 활용할 수 있도록 한다.

루페 10배율 확대경/돋보기	
렌즈에 대한 눈이나 물체의 위치에 의해 확대율은 달라지나 눈을 렌즈에 접근시켜, 물체를 렌즈의 초점 약간 안쪽에 놓았을 때 가장 크고 똑똑한 상을 볼 수 있다. 보통 식물이나 곤충 관찰할 때 흔히 사용한다.	

4. 학교 텃밭을 어떻게 가꿀까?

학교 텃밭

우리 학교 텃밭에는 방울토마토·가지·깻잎·고추·상추·수박 등 우리가 좋아하는 과일과 야채가 무럭무럭 자라고 있다. 각 학년 반별로 학교 텃밭을 잘 나누어 학생들이 심고 싶은 작물을 조사한 다음 봄에 모종을 구입해서 학교 텃밭에 심고 기른다. 학생들은 쉬는 시간과 중간놀이 시간에 텃밭으로 달려가서 자신이 지어준 '초롱아 무럭무럭 자라거라!'라는 식물 팻말을 보며 흐뭇한 표정으로 가지에 물도 충분히 주고 풀도 뽑아 준다.

학교에서 흙을 만지면서 흙의 촉감을 느끼고, 다양한 채소나 과수를 심어 기르면서 그 성장 과정을 함께 하는 것은 과학적 탐구 능력을 기르는 등의 교육적 효과 이상의 장점을 가지고 있다. 우리가 도시 속 학교에서 자연을 접할 수 있다는 것만으로도 이미 의미는 충분하다. 학교 텃밭은 놀 공간이 부족한 도시 어린이들에게 놀 공간을 제공해 주며, 작물을 심고 기르는 복합 공간으로서의 자연 학습장을 제공해 주어 살아 있는 생태환경 교육 공간이 된다. 학교 텃밭에서 씨앗과 모종 그리고 호미나 곡괭이 등의 농기구를 다루는 법을 배우고, 작물과 흙과 물, 벌레가 함께 살아가는 열린 공간으로서 자연을 접하게 된다.

봄이면 밭을 일구어 이랑과 고랑을 만들고 그곳에 씨를 뿌리거나 모종을 정성껏 심어 준다. 여름에는 학생들 스스로 물을 주고 잡풀을 뽑아 주어 작물이 잘 자랄 수 있게 정성을 다해 기른다. 가을에는 정성껏 기른 채소나 과일을 수확하여 친구나 가족에게 나누며 나눔의 가치를 배우게 된다. 겨울에는 다음해 농사를 준비하기 위해 텃밭에 어떤 작물을 심을지 계획을 세운다. 학교 텃밭은 그 자체가 교과목이고, 살아 숨 쉬는 선생님이고 친구이다.

코로나19로 힘든 시기를 보내고 있는 학생들이 마스크를 쓰고도 호미를 들고 학교 텃밭에서 땀방울을 흘리며 작물을 기르고 있다. 건전한 육체적 노작 활동을 통해 학생들은 노동의 가치와 대가를 경험하게 되며 친구들과 선생님과 함께 협력하여 학교 텃밭을 일구면서 사회성도 기르고 공동체의 일원으로서 자신의 역할을 찾을 줄 아는 사람으로 성장해 나아갈 것이다. 학교 텃밭을 놀이터로 노작 교육에 참여하는 학생들은 인간과 자연의 소통을 통해 가장 합리적인 상호 공존의 지점을 찾아갈 수 있는 세대로 자랄 것으로 기대한다.

[교과과정에서 연계할 수 있는 텃밭 관찰 활동_부록]

학교 텃밭을 지원받고 싶다면?

학교 텃밭을 지원하는 곳으로 【인천도시농업네트워크】(https://all.dosinong.net/)가 있다. 이 단체는 기후 변화에 대응하고 건강한 먹거리를 생산하며 아이들에게 자연을 선물하는 도시농부들을 양성한다. 도시로 하여금 농업의 소중함을 깨닫게 하고 이를 활용하여 도시 환경, 도시 공동체 운동과 사회 복지 운동을 이어가고 있다. '흙놀이'를 통한 생태텃밭 교육활동은 아이들에게 자연 친화적인 텃밭을 경험하게 하며, 매월 2회의 모임으로 역량 강화와 활동 공유도 한다.

'공동체 텃밭'모임을 통해 농사 교육, 퇴비 만들기, 모종 공동 구매, 친목 행사로 공동체를 만들어 간다. '씨앗이음'을 통해 매년 토종 씨앗 농사를 함께 지을 도시 농부와 교류하며 토종 씨앗 나눔 행사를 통해 토종 씨앗을 발굴 및 보급하고 있다.

월	활동 프로그램	
3월	1. 텃밭 설계와 작품 재배 계획	2. 밭 만들기(이랑, 고랑, 두둑 만들기)
	3. 밑거름 주기	4. 감자 심기
4월	1. 씨뿌리기(줄뿌림, 흩뿌림, 점뿌림)	2. 상토 흙과 모종 만들기(오이, 배추)
	3. 배추 모종 심기	4. 깻묵 액비 만들기
5월	1. 상자 텃밭 만들기	2. 본밭에 모종 심기
	3. 콩 모종 만들고 심기	4. 지렁이 상자 만들기
6월	1. 퇴비간 만들기(퇴비 만들기)	2. 생태 뒷간 체험
	3. 난황유 만들기(자연농약 만들기)	4. 감자 캐기
7월	1. 텃밭 생태놀이	2. 오이씨 받기
	3. 텃밭 풀 요리	4. 텃밭 곤충 관찰하기
8월	1. 배추 모종 만들기	2. 오이씨 받기
	3. 김장밭 만들기	4. 논 체험하기
9월	1. 풀을 이용한 텃밭 놀이	2. 배추벌레 키우고 관찰하기
	3. 수세미 만들기	4. 토종 종자 모으기
10월	1. 고구마 캐기	2. 박 공예(바가지 만들기)
	3. 콩 타작	4. 씨앗도감 만들기
11월	1. 겨울 밭 생태놀이	2. 메주 만들기 체험
	3. 김장하기	4. 평가회

<표> <인천도시농업네트워크>의 생태 텃밭 교실의 연간 프로그램

고랑, 이랑, 두둑	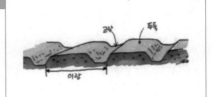
두둑 : 씨앗을 뿌리거나 모종을 옮겨 심는 곳이다. **고랑** : 바람의 통로와 배수로 역할을 하며 사람이 　　　다니는 길이 되기도 한다. **이랑** : 두둑과 고랑을 합쳐서 말한다.	

서울시농업기술센터 (https://agro.seoul.go.kr/)

- 식물과 원예 활동을 이용한 초·중등학교 교과 영역의 효과적 교육
- 식물과의 상호작용을 통한 아동의 정서 지능과 소통 능력 향상에 도움을 주기 위하여 학교 텃밭 프로그램을 운영
- 여름철 어린이 자연학교, 자연과 함께하는 토요 나들이, 찾아가는 곤충교실 교육 운영

※ 대면 교육 운영을 원칙으로 하되, 코로나19 상황에 따라 비대면 교육 등 학교와 협의 결정

농촌진흥청 농사로 (http://www.nongsaro.go.kr/)에서 발간한 초등 교과 연계형 학교 텃밭 프로그램 발간

- 학교 텃밭 프로그램 구성 및 운영 방법
- 학교 텃밭 프로그램 교육 자료(활동 및 기록)
- 학교 텃밭 학년별 교육프로그램 전체 수업지도안 제공

학교 텃밭 활용 방법

학교 텃밭 수업의 주제는 주로 작물을 심고 가꾸며 돌보는 일이다. 학교 텃밭 수업의 재미는 학교 텃밭에 나오는 작물을 수확하여 학생들과 요리를 만들어 먹는 것이다. 또한 학교 텃밭에서 나오는 작품의 줄기나 잎을 이용하여 '누가 누가 더 질긴가?' 고구마 줄기 끊기와 같은 생태환경 놀이를 할 수 있다. 학교 텃밭 수업이 끝날 때마다 활동으로 끝나지 않고, 활동 후 소감을 적어 보는 시간을 가지는 것이 매우 중요하다.

학교 텃밭에서 이루어지는 다양한 작물을 심고 기르며 수확하는 활동을 통해서 생태 감수성을 자극하고, 자기주도적 학습 효과와 성취감, 공동체와 소통하고 협업하는 능력이 길러질 것으로 기대된다.

월	학교 텃밭 활용 수업 내용	월	학교 텃밭 활용 수업 내용
4월 1주	텃밭 교육 전 주의할 사항 교육 실시 텃밭 만들고 거름 넣기, 씨감자 심기	6월 1주	잎채소 수확하기 들깨 소스 샐러드 만들어 먹기
4월 2주	잎채소 씨앗 뿌리기	6월 2주	잎채소 수확하기 잎채소 샐러드 만들어 먹기
4월 3주	옥수수 모종 만들기 강낭콩 씨앗 뿌리기	6월 3주	잡풀 뽑기, 목초액 뿌리기
4월 4주	텃밭의 흙냄새 맡기 흙 속에 누가 누가 살고 있을까?	6월 4주	감자 수확해서 찐 감자 먹기
5월 1주	토마토, 가지, 고추, 오이, 들깨 모종 심기 텃밭 식물 이름표 만들기	9월 1~2주	배추 모종 심기 씨쪽파 심기, 알타리 씨앗 뿌리기
5월 2주	옥수수, 땅콩, 수세미, 허브 심기	10월 1~2주	고구마 순 수확하기 고구마 수확 후 쪄먹기
5월 3주	텃밭에 토종 팥 심기 오이 지지대 묶기	11월 1~3주	배추 묶어주기 배추, 쪽파 수확하기 배추 전 부쳐 먹기 메주 만들기, 보리씨 뿌리기
5월 4주	텃밭에 고구마 모종 심기 고추 지지대 묶기	12월 1~4주	천연비누 만들기 학교 텃밭 수업 성찰하기

<표> 학교 텃밭 활용 수업 연간 프로그램

<표> 학교 텃밭 활용 수업 연간 프로그램은 보는 바와 같이 4월부터 장마가 시작되기 전인 6월 말까지 봄 작물들을 학교 텃밭에 심어 기르고 관리하는 과정이다. 6월에는 이들 작물을 수확하여 간단한 샐러드를 만들어 먹을 수 있고, 6월 말에는 봄 감자를 수확해서 친구들과 나눠 먹을 수 있다.

9월부터 배추와 씨쪽파, 알타리 씨앗을 심으면서 본격적인 가을 작물 재배에 들어간다. 10월에는 지난 5월에 심은 고구마 순과 고구마를 수확해서 쪄먹는 활동도 있다. 11월은 배추와 쪽파를 수확하여 전을 부쳐 먹는 활동을 하면 좋다. 12월에는 천연비누를 만드는 활동을 하고, 1년 동안 학교 텃밭 수업을 통해 얻은 결실을 함께 나누고 아쉬웠던 점을 이야기 나누는 성찰의 시간을 가진다.

학교 텃밭 활동

🌸 활동 가이드

우리 학교 텃밭 활용 수업

1. 학교 텃밭 활용 교육 전 주의할 사항 안내
2. 토마토 <가지·고추·오이 등> 모종 심기
3. 학교 텃밭 작물 이름표 만들기
4. 학교 텃밭의 풀과 곤충 관찰하기
5. 학교 텃밭의 고구마 줄기로 생태환경 놀이하기
6. 학교 텃밭 작물 관찰 기록장 쓰기
7. 학교 텃밭 활용 교육 후 소감 나누기

🍁 활동 내용

우리 학교 텃밭 활용 수업

 1. 학교 텃밭 활용 교육 전 주의할 사항 안내

> 1. 텃밭에서 호미 등 농기구를 다룰 때 다치지 않게 주의한다.
> 2. 어린 이삭을 만지지 않는다. 눈으로만 관찰한다.
> 3. 텃밭 작물 재배 활동 후 손을 비누로 잘 씻어 낸다.
> 4. 물은 성장 시기에 따라 적당량 주는 것이 좋다.

 2. 토마토(가지·고추·오이 등) 모종 심기

활동1 오늘 심을 작물은 무엇일까? (다섯 고개 놀이)
- 그냥 두면 냄새가 나지 않지만 만지면 줄기와 잎사귀에서 진하고 독특한 향기가 난다.
- 이것이 빨갛게 익으면 의사 얼굴이 파래진다는 속담이 있어요.
- 남아메리카가 원산지로 온난하고 따뜻한 기후를 좋아하는 채소이다.
- 생장이 왕성하면 2m까지 자라고, 지주대를 세워 준다.
- 모든 곁순을 자르고 외줄기로 키우는 것이 좋은 채소이다.

활동2 이 작물들의 공통점을 찾아보자.
(토마토·가지·고추의 식물과 꽃 사진을 보여 주며)
- 열매를 먹는 열매채소, 여름작물, 꽃 모양이 비슷하다.
- 가지과 식물이다. 참고로, 감자도 가지과이다.
  가지과 채소를 좋아하는 벌레는? 무당벌레
- 토마토를 심은 자리에 다음 해에 고추를 키우면 병충해가 많다.

토마토 모종을 학교 텃밭에 심어 보자

- 준비물 : 모종삽(또는 호미), 토마토 모종, 물
- 토마토 모종은 높이 30cm 정도의 두둑을 만들고, 포기 간격은 40~50cm 정도 유지하면서 심는다.

> **학교 텃밭에 토마토 모종 심어 재배하는 방법**
>
> ① 모종을 심을 때 키 큰 모종보다 작고 굵은 모종이 좋다.
> ② 모종에 물을 너무 많이 주지 않도록 하며 물이 마르지 않을 정도만 준다.
> ③ 햇빛이 잘 드는 곳에 두고, 7시간 이상 햇빛을 받게 한다.
> ④ 크게 자라므로 지지대를 설치해 주고 자라면 곁가지를 가지치기 해 준다.
> ⑤ 방울토마토는 4월 중순에서 6월까지 심으면 적당하고 9월에 수확한다.
> ⑥ 꽃이 핀 뒤 50일 정도 지나 초록색에서 붉은색으로 열매가 변할 때 수확 한다.

3. 학교 텃밭 작물 이름표 만들기

> ① 학교 텃밭 작물의 모종을 심고 바로 작물 이름표를 만들어 주면 학생들이 작물을 키울 때 책임감을 가지고 키운다.
> ② 작물 이름표 뒷면에 나무젓가락이나 아이스크림 막대로 붙인다. (재활용)

작물 이름	
작물 애칭	
심은 날짜	2 0 _ _ 년 _ _ 월 _ _ 일
기르는 사람	
작물에게 전하고 싶은 말	

4. 학교 텃밭의 풀과 곤충 관찰하기

> ① 학교 텃밭에 사는 벌레와 곤충들을 관찰할 수 있도록 한다.
> ② 보통 텃밭에는 청벌레, 진딧물, 벼룩잎벌레, 무당벌레, 거미, 사마귀가 관찰된다.
> ③ 지렁이도 관찰될 수 있으니 지렁이가 땅에 어떤 해로운 일을 하는지 학생들에게 질문해 본다.

학교 텃밭 곤충 관찰하기

( )초등학교 ( )학년 ( )반 이름( )

활동 주제	텃밭의 풀과 곤충 관찰하기
활동 날짜	년 월 일
날 씨	

활 동 내 용

1. 다음 중 무와 배추를 먹는 벌레가 아닌 것은? ( )

① 청벌레   ② 진딧물   ③ 벼룩잎벌레   ④ 7점 무당벌레

2. 사람들은 농사짓는 작물을 먹어서 해를 가하는 곤충을 해충이라 하고, 해충을 잡아 먹어서 농사에 도움을 주는 곤충을 익충이라고 부릅니다. 하지만 본래 나쁜 곤충, 좋은 곤충은 없어요. 저마다 먹는 먹이가 다를 뿐이지요. 다음 중에서 익충을 골라 보고 각 벌레들의 특징과 좋아하는 먹이를 적어봅시다.

① 거미   ② 28점 무당벌레   ③ 사마귀   ④ 7점 무당벌레

3. 우리텃밭에서 발견한 벌레는 무엇이 있나요? 모양을 관찰해보고 느낌을 적어봅시다.

....

....

....

5. 학교 텃밭의 고구마 줄기로 생태환경 놀이하기

① 고구마 수확의 계절에 고구마 줄기로 다양한 생태환경 놀이를 할 수 있다.
② 고구마 줄기 벗기기 놀이 : 고구마 순 겉껍질을 가장 빨리 벗기는 사람, 길게
　벗기는 사람, 가장 굵게 벗기는 사람이 승자다.
③ 고구마 줄기 줄넘기 놀이 : 곁순을 제거한 고구마 원줄거리를 길게 만들어
　개인, 단체로 줄넘기를 하는 놀이이다.
④ 고구마 줄기 림보 게임 놀이 : 고구마 줄기를 단계별로 적당한 높이로 묶고서
　땅을 짚지 않고 통과하는 놀이다.

 6. 학교 텃밭 작물 관찰 기록장 쓰기　　　　　　　　　　　　　　

① 학생이 학교 텃밭 작물을 심어 기르면서 관찰한 내용을 기록하는 관찰 기록장
　이다.
② 관찰 기록장에는 관찰일·장소·날씨·온도·준비물이 포함되어 있다.
③ 자신이 관찰한 작물의 변화를 구체적으로 기록한다.
　(줄기의 지름, 높이, 잎의 수와 색깔, 크기, 다른 식물과 다른 점 등)
④ 글뿐만 아니라 그림으로 표현해도 좋다.
⑤ 관찰 기록장을 기록하는 시점에 물 주기, 벌레 잡기, 시든 잎 따 주기, 곁가지
　따 주기 등 자신이 작물 관리한 내용도 기록해 준다.

마니쌤의 생태환경 이야기
학교 텃밭 관찰 기록장

(   )초등학교 (   )학년 (   )반 이름(   )

관찰한 때	20 년 월 일 요일 (오전/오후) 시 분		
관찰 장소		관찰 당시 날씨	온도
관찰 제목			
관찰한 사람			
준비물			
♥관찰 사항 -활동일기 -관찰일기	그림이나 사진으로 표현해 보아요! ♥( )의 (씨앗, 줄기, 뿌리, 잎, 열매, 기타( )을/를 관찰해 봅시다. 예: 옥수수의 줄기를 관찰해 봅시다. | 관찰 관점	관찰 내용	(씨앗, 줄기, 뿌리, 잎, 열매, 기타;) 모양 실제로 그리기
---	---	---
줄기의 높이		
줄기의 지름		
잎의 수		
잎의 색깔		
잎의 크기		
다른 식물과 다른점					
새로 알게 된 점 특이한 점 달라진 점			
활동 후 느낀 점 준비할 점			
무엇을 했나요? 더 알고 싶은 점	물주기, 벌레잡기, 시든 잎이나 곁잎 따주기 등		

7.학교 텃밭 활용 교육 후 소감 나누기

① 학교 텃밭 작물을 기르면서 느낀 점들을 친구들과 나눌 수 있게 한다.

② 자신이 기른 작물이 중간에 생명을 다해서 다른 대체 작물을 기른 경우도 있을 것이고 끝까지 작물을 잘 길러 열매를 수확해서 친구들이나 가족들과 나눔을 한 학생도 있을 것이다.

③ 이 모든 활동이 학생 스스로 얻은 결실이라는 것을 알게 하고 칭찬해 주는 것이 좋다.

1. 오곡논 (서울시 강서구 오곡동) 논 생태 탐사 활동
2. 개화산 (서울시 강서구 개화동) 생태 탐사 활동

PART 3.

학교 밖에서
만나는
생태환경

1. 산(숲)이나 들로 생태 탐사 Go!

우리나라에는 산이 얼마나 있을까?

우리나라에는 산이 얼마나 있을까? 산림청의 통계 자료에 따르면 우리나라 전국 방방곡곡에 있는 산은 모두 4,440개라고 한다.

서울 근교에도 50여개의 이름 있는 산이 있다. 우리가 알고 있는 산들이다. 북한산(837m), 도봉산(740m), 관악산(629m), 불암산(508m), 수락산(638m), 수리산(489m), 광교산(582m), 운길산(610m), 검단산(650m), 마니산(469m), 감악산(675m), 운악산(936m) 등 웬만한 산은 지하철로 접근이 가능하다. 언제라도 우리가 마음만 먹으면 산에 갈 수 있다. 우리가 살고 있는 곳에서 조금만 이동하면 산이나 들이 많다. 필자가 근무하는 학교에서 가까운 개화산(128m)은 서울특별시 강서구 방화2동(개화동)에 있는 야트막한 산으로 학교 바로 옆에 위치하고 있어서 언제나 마음만 먹으면 학생들과 함께 자연학습을 할 수 있는 좋은 산이다.

하지만 요즘 학생들은 스마트폰 세대라 산이나 강을 좋아하기보다 스마트폰으로 유튜브 영상을 시청하는 것을 더 좋아한다. 이런 학생들도 개화산 생태환경 프로젝트 수업을 시작하면서 산에 사는 생물들에 대해 깊은 관심을 가지게 되었다. 이들에게 산은 오르기 힘든 대상이었지만 산속에도 우리와 함께 살아 숨 쉬고 있는 수많은 생명들이 있다는 것을 깨닫는 순간 학생들의 호기심이 커지기 시작했다. 산이나 들을 활용한 생태탐사 교육에서 중요한 것은 학생들이 살고 있는 산이나 들 혹은 마을 주변에 살고 있는 풀 한 포기, 꽃 한 송이, 나무들에 대한 관심을 가지는 일부터 시작하는 것이다. 풀 한 포기도 의미 없이 그곳에 그냥 자라는 법이 없다. 척박한 땅에 자라는 꽃 한 송이가 아름답게 보이는 것은 그 어느 식물도 자랄 수 없는 환경 속에서도 자리를 잡고 꽃을 피워냈기 때문이다.

도시 속의 숲은 도시 환경 오염 문제, 그리고 건강과 여가에 대한 사람들의 관심이 증가하면서 그 필요성과 중요성이 점점 커지고 있다. 도심 속의 산에서 이루어지는 숲 해설을 지원하는 지방자치단체도 많아졌다. 또한 마을결합형 교육과정을 지원하는 숲 전문가들도 교육청의 도움을 받고 숲 체험 프로그램을 쉽게 운영할 수 있다. 시골 학교는 대부분이 산을 끼고 있거나 들이 주변에 있어서 교육 환경이 좋다. 하지만 도심 속의 학교는 산이나 들을 찾기 힘들 수 있다. 그럴 경우 학교 숲을 활용한 수업을 할 수 있다. 학교 숲은 목적상 경계 숲, 화단 숲의 형태로 조성되어 있다.

주변에 산이 없는 학교는 상대적으로 학교 숲을 잘 조성해 놓은 학교들이 많다. 주어진 학교 숲에서 숲 체험 활동을 하는 것으로도 충분히 교육 효과가 있다고 볼 수 있다.

[교과과정에서 연계 지도 할 수 있는 숲이나 들 생태탐사 활동_부록]

산(숲)과 들 생태 탐사 프로그램

지방자치단체에서 운영하는 숲 체험 프로그램에 참여하거나 지원을 받아 학교에서 운영할 수도 있다. 다음은 김포시 모란공원에서 코로나19로 불안, 우울, 두려움을 느끼는 시민들이 가족과 함께 공원에서 즐길 수 있도록 '공원 숲 티어링'을 진행한 프로그램이다.

'숲티어링'은 원래 지도와 나침반을 가지고 정해진 지점을 통과해서 최종 목적지에 시간 안에 돌아오는 오리엔티어링을 숲에 적용한 프로그램이다. 이 프로그램은 가족 단위로 팀을 구성해서 운영된다. 야외 활동을 통한 체력 향상과 건강 증진, 가족 간의 정 나누기 등의 효과가 있으며 자연에서 힐링할 수 있는 좋은 프로그램이다.

주 제	프로그램 내용
트레킹	• 숲길 걸으며 생각 담기 • 자연에서 향기 맡으며 호흡하기 • 야생화 트레킹
숲티어링	• 찾아보고 뛰어 보고 찍어 보기 • 숲에서 쓰는 사람 • 숲에서 찾는 보물
나만의 길 찾기	• 지도야, 놀자, 나침반으로 놀자 • 나만의 길 찾기 • 숲길 지도 만들기
별밤 속으로	• 오감 열고 숲길 걷기 • 별빛 달빛 숲 명상 • 별 헤는 밤, 나도 시인(자연물 시 쓰기)
아빠, 비박이 뭐야?	• 뚝딱뚝딱 집짓기 • 꽁냥꽁냥 밥 짓기 • 속닥속닥 이야기 짓기

<표> <김포시>의 '공원숲 티어링' 프로그램

충청남도 홍성군은 도내 초등학생들을 위해 녹색 체험교육을 위한 숲 체험 프로그램을 한 달에 1회 이상 정기적으로 운영한다. 홍성군에서 안내한 숲속 체험 프로그램은 '숲으로 가자' 프로그램(초등학생)과 '자연에서 놀자' 프로그램(유치원생)이다. 두 활동 모두 용봉산 자연휴양림의 숲 속 교실과 숲 탐방로에서 활동을 한다. 활동 시간은 90여 분이며 활동 인원은 20명 내외이다.

숲으로 가자 프로그램은 자연과 접하면서 자연의 소중함을 알아 가고 자연과 조화로운 삶을 배우게 하며, 나아가 지구가 건강해지기를 바라는 마음으로 프로그램을 기획하였다.

산(숲)이나 들 생태 탐사의 교육적 효과

프로그램명 : 숲으로 가자		대상 : 초등학교	
목표	자연과 접하면서 자연의 소중함을 알아가고 자연과 조화로운 삶을 배우게 함과 동시에 지구가 건강해지기를 바람	시간 : 90여 분	
활동 장소	활동 장소 : 용봉산 자연휴양림 (숲속 교실, 숲 탐방로)	인원 : 20명	
단계	주요 내용	시간 (분)	비고
도입	1. 인사 나누기 2. 일정 소개 및 주의사항 3. 나무 체조로 몸 풀기	10	
전개	1. 숲 산책 - 숲을 이루는 나무와 숲속 가족인 풀, 곤충, 동물 등의 소중함을 알고, 나무의 생태 등을 관찰하고 이야기하면서 숲 산책을 한다. 2. 나무와 교감 - 자연과 하나 되고 소통이 이루어지는 경험 나의 날숨과 나무의 들숨, 나무의 날숨과 나의 들숨으로 상호 의존적 존재임을 알린다. - 우리가 숨을 쉬는 산소가 숲에서 나온다는 것에 대하여 호흡을 통해 느껴 본다.	50	

	3. 관계 형성 놀이		
전개	- 서로 손을 잡고 둥글게 모인다.		
	- 옆 친구의 장점을 찾아 서로 칭찬을 해 준다.		
	4. 자연 이름 갖기		
	- 둥글게 모인 상태에서 자신에게 어울리는 이름을 지어 발표한다.	50	
	- 각자 지어진 자연 이름의 주인공(예>토끼, 민들레, 바람 등)이		
	되어 생태 그룹 놀이(먹이사슬)를 한다.		
	- 생태계의 흐름을 쉽게 이해하고 각자의 위치와 중요성을 일깨		
	우는 계기가 될 수 있다.		
마무리	자연에게 편지 쓰기		
	- 체험 후 각자의 느낌을 적어 발표한다.	30	
	- 참여자들의 여러 생각을 공유하여 교육의 효과를 높인다.		

<그림> <홍성군>이 운영하는 숲 속 체험 프로그램_숲으로 가자

숲이라는 환경 속에서 살아 숨 쉬는 자연의 산물과 만나 학생들은 자발적으로 보고, 만지고, 듣고, 느끼면서 숲의 다양한 동식물에 관심을 갖고 탐색하게 된다. 이는 학생들의 오감을 자극하여 감성과 인성을 풍요롭게 하는 활동이 된다.

숲 체험은 자연과의 직접적인 접촉을 통한 활동으로, 학생의 전인적 발달을 돕는다. 자연 속의 자연물을 탐구하는 활동을 친구들과 함께 함으로써 자신을 바로 인식하고 타인과 배려하며 소통함으로써 바람직한 공동체 의식을 기를 수 있다. 또한 숲 체험을 통해 숲의 구성 요소, 자연과 인간의 바람직한 관계성을 정립해 나가는 데 도움이 될 것으로 본다. 또한 숲에서 하는 역할 놀이, 토론, 탐구 활동을 통해 정서 표현의 감성 지능이 개발되어 인성에 긍정적 영향을 줄 것으로 본다. 지속적인 숲 체험은 학습이나 교우 관계 등에서 오는 스트레스를 감소시켜 교우 관계에 있어 공감 능력이 향상되고, 감정 조절 및 충동을 억제하는 능력을 키워 학교 폭력 예방에도 효과가 있을 것이다. 또한, 숲 체험 활동이 초등학생들에게 자연과 인간이 상호 공존할 수 있는 생태학적 소양을 갖게 하여 감성 지능 발달과 생명 존중 인식 증진에도 효과적일 것이다.

[숲 체험 프로그램 개발을 위한 참고 도서_부록]

산(숲)이나 들 생태 탐사 활동

학생들은 교실을 벗어나 숲이라는 자연 그대로의 공간에서 맘껏 뛰놀고 만지고 보고 느끼면서 오감을 통해 스스로 배울 수 있다. 생태 탐사 활동에서 다음 사항에 주의해야 한다.

🍁 활동 가이드

> 산(숲)이나 들 생태 탐사 전 주의 사항 안내

> 개화산 생태 탐사 활동 1

> 개화산 생태 탐사 활동 2

> 개화산 생태 탐사 후 활동

> 개화산 생태탐사 소감 동화책(5학년), 시화집(6학년)제작을 위한 작품 구상하기

🍁 활동 내용

산(숲)이나 들 생태 탐사 전 주의 사항 안내

1. 긴 소매 옷을 입고 양말에 바지를 집어 넣어 신는다.
2. 숲속에서는 다양한 독충이나 뱀에 주의한다.
3. 숲속에서는 길이 나 있는 곳으로만 다니고 인솔 교사의 지도에 잘 따른다.
4. 옷이나 노출되는 피부에 인체에 무해한 해충 기피제를 적절히 사용해 준다.
5. 모자를 쓰고 물과 간단한 간식을 준비하며, 선크림을 바르고 온다.

산(숲)이나 들 생태 탐사 전 주의 사항 안내

개화산 생태 탐사 활동 1

준비물 학교 : 나무판, 색연필, 네임펜

학생 : 메는 가방(물, 필기구, 활동지, 간식 등)

① 개화산 동·식물 관찰하기

② 개화산 동·식물에게 편지 쓰기(삼행시도 가능)

③ 편지 쓰기(삼행시) 대상이 되는 동식물도 그리기

④ 나무판에 이름 써서 나무에 걸어 주기

① 개화산 동식물 관찰하기

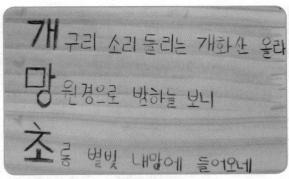
② 개화산 동식물에게 편지쓰기(삼행시도 가능)

③ 편지 쓰기(삼행시) 대상이 되는 동식물도 그리기

개화산 생태 탐사 활동 2

준비물 학교 : 루페, 뜰채

　　　　학생 : 메는 가방(물, 필기구, 활동지, 간식, 돗자리 등)

① 개화산 동·식물 관찰하기

② 궁금한 점 질문하기

③ 활동지 작성하기

④ 활동 후 모둠별 발표 자료 만들어 발표하기

① 개화산 동·식물 관찰하기

② 궁금한 점 질문하기

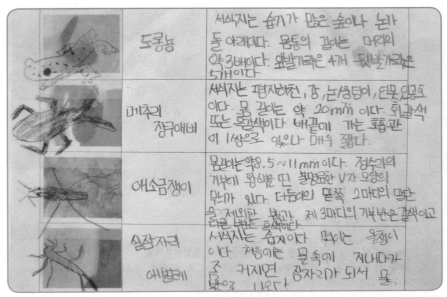

	도롱뇽	서식지는 숨기가 많은 숲이나 늪가 돌 아래이다. 몸통의 길이는 머리의 약 3배이다. 앞발가락은 4개 뒷발가락은 5개이다
	메추리 장구애비	서식지는 평지하천, 강, 논, 웅덩이, 린못 연못이다. 몸 길이는 약 20mm 이다. 회갈색 또는 흑갈색이다 배끝에 가는 호흡관이 1쌍으로 있으나 매우 짧다.
	애소금쟁이	몸길이는 약 8.5~11mm이다 정수리의 가부에 황색을 띤 불명료한 V자 모양의 무늬가 있다. 더듬이 밑쪽 2마디의 많만을 제외한 부기, 제 3마디의 가부반은 갈색이고 다른 부분은 흑색이다
	실잠자리 애벌레	서식지는 웅지이다 또는 육상이 이다 처음에는 물속에 지내다가 조 커지면 잠자리가 되서 물 밖으로 나온다

③ 활동지 작성하기

④ 활동 후 모둠별 발표 자료 만들어 발표하기

개화산 생태 탐사 후 활동

🌐 개화산 생태 탐사 소감 동화책(5학년), 시화집(6학년)제작을 위한 작품 구상하기

※ 이 부분에 대한 구체적인 내용은 PART 5를 참고한다.

2. 강이나 습지로 생태 탐사 Go!

생태 프로그램은 어디서 운영되고 있나요?

강서 생태습지 생태 탐사

"오늘은 강서 생태습지 탐사 활동을 위해 한강으로 나가겠습니다." 필자의 말이 떨어지기 전에 초롱초롱한 눈망울을 하고 쳐다보는 학생들은 이구동성으로 "와~"하고 환호성을 지른다. 학교에서 걸어서 갈 수 있을 정도로 한강을 끼고 있는 강서 생태습지는 생물 자원의 보고라고 해도 손색이 없다. 특히 이곳에서는 철새를 볼 수 있는 조류 전망대와 망원경 등 각종 탐조 장비가 잘 갖춰져 있어 학생들의 생태습지 학습장으로 활용하기 적합하다. 도심에서는 철새를 바로 눈앞에서 관찰하기 쉽지 않다. 그렇기에 강서 생태습지에서 늘 관찰 가능한 텃새와 겨울 철새들을 만날 수 있다는 것은 학생들에게 흥미로운 일이다. 11월 하순부터 큰기러기, 청둥오리, 댕기흰죽지, 황오리를 비롯한 겨울 철새들이 찾아와 이듬해 3월 시베리아 등지로 날아간다. 서울시 한강사업본부 홈페이지(hangang.seoul.go.kr)에서는 한강 생태프로그램에 참가할 수 있도록 예약 시스템을 운영하고 있다.

겨울철을 맞이하여 강서 습지생태공원 등 4개 공원에서 어린이와 시민들을 대상으로 겨울철 생태프로그램을 운영한다. 강서 습지생태공원에서는 도심에서 청둥오리, 재두루미, 큰기러기 등 겨울 철새 수천 마리를 한눈에 볼 수 있는 <반갑다. 철새야!> 프로그램과 마른 풀잎이나 볏짚으로 새의 둥지를 만들고 찰흙으로 직접 새를 만들어 보는 <새 둥지 만들기>, 볏짚을 이용하여 거북이, 조리 등을 만들어 보는 <짚풀 공예교실> 그리고 버드나무 가지로 곤충을 만들어 보는 <버드나무야, 무엇이 될래?> 등의 프로그램을 운영한다.

　　그 외에도 선유도공원, 여의도 샛강생태공원, 고덕 수변생태공원에서도 다양한 생태프로그램을 운영하고 있다. 선유도공원에서는 현미경으로 짚신벌레, 아메바, 히드라 등 미생물과 양파 껍질 등을 관찰하는 <미생물 현미경 관찰교실>과 나무에 얽힌 재미있는 이야기를 듣고 나무 목걸이도 만들어 보는 <나무이야기> 프로그램도 운영하고, <선유도 탐방교실>, <가족과 함께 손잡고>, <겨울방학 철새 관찰>, <볏짚으로 민속공예품 만들기> 등 다채로운 프로그램이 진행된다. 고덕 수변생태공원에서는 공원에서 재료를 채취하여 엽서와 카드를 직접 만들어 소중한 사람에게 보내는 <내 마음을 보내요> 프로그램을 비롯하여 <씨앗의 모험>, <아리수를 찾아서>, <토요 생태교실>, <꿍꿍! 내손으로> 등의 생태프로그램이 운영된다.

[교과과정에서 연계 지도 할 수 있는 강이나 습지 생태탐사 활동_부록]

우리나라에는 습지가 얼마나 될까?

우리나라에는 습지가 얼마나 될까? 환경부(2020) 습지 보호 지역 지정 및 람사르 습지 등록 현황에 따르면 우리나라의 습지 보호 지역은 총 44개 지역, 1,552.836㎢(개선지역 및 주변관리지역 포함)이다. 이중 람사르 습지에 등록된 곳이 23개 지역, 199.312㎢이다. 이외에도 시·도지사 지정 습지 보호지역은 총 7개소, 8.254㎢가 있다.

지역명	위 치	면적(㎢)	특 징	지정 일자 (람사르등록)
환경부 지정 : 25개소, 129.042㎢				
낙동강 하구	부산 사하구 신평, 장림, 다대동 일원 해면 및 강서구 명지동 하단 해면	37.718	철새 도래지	1999.08.09
대암산 용늪	강원 인제군 서화면 대암산의 큰용늪과 작은용늪 일원	1.36	우리나라 유일의 고층 습원	1999.08.09 ('97.03.28)
우포늪	경남 창녕군 대합면, 이방면, 유어면, 대지면 일원	8.651 (개:0.104)	우리나라 최고(最古)의 원시 자연늪	1999.08.09 ('98.03.02)
무제 치늪	울산 울주군 삼동면 조일리 일원	0.184	산지 습지	1999.8.9 ('07.12.20)
제주 물영아리 오름	제주 서귀포시 남원읍 수망리	0.309	기생화산구	2000.12.5 ('06.11.18)
화엄늪	경남 양산시 하북면 용연리	0.124	산지습지	2002.02.01
두웅 습지	충남 태안군 원북면 신두리	0.067	신두리사구의 배후 습지 희귀 야생동·식물 서식	2002.11.1 ('07.12.20)
신불산 고산습지	경남 양산시 원동면 대리 산 92-2일원	0.308	희귀 야생동·식물이 서식하는 산지 습지	2004.02.20
담양 하천 습지	전남 담양군 대전면, 수북면, 황금면, 광주광역시 북구 용강동 일원	0.981	멸종 위기 및 보호 야생동·식물이 서식하는 하천습지	2004.07.08

신안 장도 산지 습지	전남 신안군 흑산면 비리 대장도 일원	0.09	도서 지역 최초의 산지 습지	2004.8.31 ('05.03.30)
한강 하구	경기 고양시 김포대교 남단~ 강화군 송해면 숭뢰리 사이 하천제방과 철책선 안쪽 (수면부 포함)	60.668	자연하구로 생물 다양성이 풍부하여 다양한 생태계 발달	2006.04.17
밀양 재약산 사자평 고산 습지	경남 밀양시 단장면 구천리 산1	0.587	절경이 뛰어나고 이탄층 발달, 멸종위기종 삵 등 서식	2006.12.28
제주 1100 고지	제주 서귀포시 색달동, 중문동 및 제주 제주시 광령리 경계 일원	0.126	산지습지로 멸종위기종 및 희귀 야생동식물 서식	2009.10.01 ('09.10.12)
제주 물장오리 오름	제주 제주시 봉개동	0.61	산정화구호의 특이 지형, 희귀 야생동식물 서식	2009.10.01 ('08.10.13)
제주 동백 동산습지	제주 제주시 조천읍 선흘리	0.59	생물 다양성 풍부, 북·남방계 식물 공존	2010.11.12 ('11.03.14)
고창 운곡 습지	전북 고창군 아산면 운곡리	1.93(개: 0.133)	생물 다양성 풍부, 멸종 위기 야생동식물 서식	2011.03.14 ('11.04.06)
상주 공검지	경북 상주시 공검면 양정리	0.264	생물 다양성 풍부, 멸종 위기 야생동식물 서식	2011.06.29
영월 한반도 습지	강원도 영월군 한반도면	2.772 (주:0.857)	수달, 돌상어, 묵납자루 등 총 8종의 법정보호종 서식	2012.01.13 ('15.05.13)
정읍 월영 습지	전북 정읍시 쌍암동 일원	0.375	생물 다양성 풍부하고 구렁이, 말똥가리 등 멸종위기종 6종 서식	2014.07.24

제주 숨은물뱅듸	제주 제주시 애월읍 광령리	1.175 (주:0.875)	생물 다양성 풍부하고 자주땅귀개, 새호리기 등 법정보호종 다수 분포	2015.07.01. ('15.05.13)
순천 동천하구	전남 순천시 교량동, 도사동, 해룡면, 별량면 일원	5.656 (개:0.263)	국제적으로 중요한 이동물새 서식지이며, 생물다양성이 풍부하고 멸종위기종 상당수 분포	2015.12.24 ('16.01.20)
섬진강 침실 습지	전남 곡성군 곡성읍·고달면· 오곡면, 전북 남원시 송동면 섬진강 일원	2.037	수달, 남생이 등 법적 보호종이 다수분포하고 생물 다양성이 풍부	2016.11.07
문경 돌리네	경북 문경시 산북면 우곡리 일원	0.494	멸종위기종이 다수 분포하고 국내 유일의 돌리네 습지	2017.06.15
김해 화포천	경남 김해시 한림면, 진영읍 일원	1.244	황새 등 법정보호종이 다수분포하고 생물 다양성이 풍부	2017.11.23
고창 인천강하구	고창군 아산면, 심원면, 부안면 일원	0.722	생물 다양성이 풍부한 열린 하구로서 노랑부리백로 등 법적 보호종이 다수 서식	2018.10.23

<표> 환경부 지정 우리나라 습지보호지역(2020)

지역명	위 치	면적(㎢)	특 징	지정 일자 (람사르 등록)
해양수산부 지정 : 12개소, 1,415.54㎢				
무안 갯벌	전남 무안군 해제면, 현경면 일대	42	생물 다양성 풍부 지질학적 보전 가치 있음	2001.12.28 ('08.01.14)
진도 갯벌	전남 진도군 군내면 고군면 일원(신동지역)	1.44	수려한 경관 및 생물 다양성 풍부, 철새도래지	2002.12.28
순천만 갯벌	전남 순천시 별량면, 해룡면, 도사동 일대	28	흑두루미 서식·도래 및 수려한 자연 경관	2003.12.31 ('06.1.20)
보성· 벌교 갯벌	전남 보성군 호동리, 장양리, 영등리, 장암리, 대포리 일대	31.85	자연성 우수 및 다양한 수산 자원	2003.12.31 ('06.01.20)
옹진 장봉도 갯벌	인천 옹진군 장봉리 일대	68.4	희귀철새 도래·서식 및 생물 다양성 우수	2003.12.31
부안 줄포만 갯벌	전북 부안군 줄포면·보안면일원	4.9	자연성 우수 및 도요새 등 희귀 철새 도래·서식	2006.12.15 ('10.02.01)
고창 갯벌	전북 고창군 부안면(Ⅰ지구), 심원면(Ⅱ지구) 일원	64.66	광활한 면적과 빼어난 경관, 유용수자원의 보고	2007.12.31. ('10.12.13)
서천 갯벌	충남 서천군 비인면, 종천면 일원	68.09	검은머리물떼새 서식, 빼어난 자연 경관	2008.01.30 ('10.09.09)
신안 갯벌	전남 신안군	1,100.86	빼어난 자연 경관 및 생물 다양성 풍부 (염생 식물, 저서동물)	2010.1.29 ('11.09.01)
마산만 봉암 갯벌	경남 창원시 마산 회원구 봉암동	0.1	도심 습지, 희귀·멸종 위기 야생동식물 서식	2011.12.16
시흥 갯벌	경기 시흥시 장곡동	0.71	내만형 갯벌, 희귀·멸종 위기 야생동물 서식·도래 지역	2012.02.17
대부도 갯벌	경기 안산시 단원구 연안 갯벌	4.53	멸종위기종인 저어새, 노랑부리백로, 알락꼬리마도요의 서식지이자 생물 다양성이 풍부한 갯벌	2017.03.22

<표> 해양수산부 지정 우리나라 습지보호지역(2020)

람사르 협약

람사르 협약(Ramsar Convention)은 자연 자원과 서식지의 보전 및 현명한 이용에 관한 최초의 국제 협약으로서 습지 자원의 보전 및 현명한 이용을 위한 기본 방향을 제시한다. 우리나라의 2020년 기준 람사르 습지 등록은 한강 밤섬, 대부도 갯벌, 순천만, 보성 갯벌, 우포 늪, 강화 매화마름 군락지, 제주 동백동산 습지 등을 포함하여 총23개 지역, 199.312㎢이다.

람사르 홈페이지 : https://www.ramsar.org

- 국제 습지보호 협약, 보호 프로그램, 회의 자료를 열람할 수 있다.

환경부에서는 지역 하천을 활용하여 생태 체험프로그램을 운영하고 있다. 가족이나 학교에서 신청하여 체험 활동에 참여할 수 있다.

기관명	담당 부서 (전화번호)	하천명	프로그램 명	주요 내용	운영 일자	대상	총 인원
금강 유역 환경청	지역 협력과 (042-865-0854)	금강	금강 순례·수련 활동	- 금강 유역 도보 순례 - 환경기초시설 견학, 하천 생태 조사 등	7~8월 (2박3일, 2회)	초등학생 및 지역 주민	160 여명
영산강 유역 환경청	지역 협력과 (062-605-5262)	보성강	에코 탐방 그린 투어	- 보성 습지 견학 (습지의 기능 및 역할) - 함평 갯벌 견학 (갯벌의 기능 및 역할)	8월 (09:00~18:00)	중학생	40명

		영산강	영산강 도보 순례	- 영산강 유역 도보 순례 - 수질 오염 실태 조사, 쓰레기 정화활동 등 - 영산강 살리기 사업 추진 현장 답사, 민간단체·전문가·지역주민 등 수질 개선 대책 토론 등	7.27(월)~30(목)(3박 4일)	청소년, 일반인, 우리청, 운영 요원	150 여 명
원주 지방 환경청	기획과 (033-764-0981)	섬강	4대강 도보 순례	- 4대강 살리기 친환경적 정책 추진 방안 설명 - 섬강유역 도보 순례(3km) - 4대강 살리기 사업 설명	7.17(금)(09:30~13:00)	환경청, 국토관리청, 지자체 공무원, 시민단체 회원 등	50명
대구 지방 환경청	기획과/녹색홍보팀 (053-760-2521)	낙동강	환경 사랑 체험단	- 낙동강유역 생태 경관우수지역 및 물 관련 시설 탐방	8월	청소년	40명
		금호강	자연 생태 탐사	- 물고기를 직접 채집하여, 종류·형태 관찰 - 물고기 서식처, 인간 간섭 등에 대한 학습	7.25	청소년	35명

<표> 환경부 하천을 활용한 생태체험 프로그램

강이나 습지 생태 탐사 활동

🍁 활동 가이드

> 강이나 습지 생태 탐사 전 주의사항 안내

> 강서 생태습지 생태 탐사 활동

> 강서 생태습지 생태 탐사 후 활동

> 강서 생태습지 생태 탐사 후 소감 동화책(5학년), 시화집(6학년) 제작을 위한 작품 구상하기

🍁 활동 내용

강이나 습지 생태 탐사 전 주의 사항 안내

1. 꽃 한 송이, 벌레 한 마리도 함부로 꺾거나 죽이지 않는다.
2. 생물을 잡더라도 관찰하고 다시 있던 자리에 놓아 준다.
3. 강이나 습지에 들어갈 때 빠지지 않도록 주의한다.
4. 주변에 해충이나 뱀 등에 주의한다.
5. 활동 후 반드시 손과 발 등을 비누로 잘 씻는다.

강서 생태습지 생태 탐사 활동

준비물 학교 : 루페, 뜰채
학생 : 메는 가방(물, 필기구, 활동지, 간식, 돗자리 등)

① 강서 생태습지 동식물 관찰하기
② 생태환경 놀이하기
③ 활동 후 모둠별 발표 자료 만들기

① 강서 생태습지 동식물 관찰하기

② 강서 생태습지 동식물 관찰하기

③ 생태환경 놀이하기 (먹이사슬 놀이)

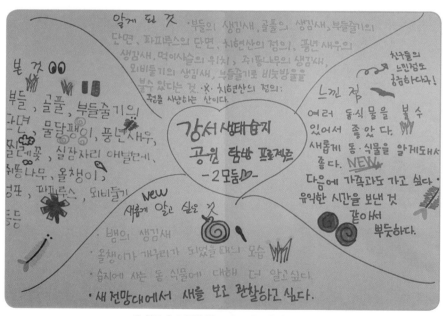

④ 활동 후 모둠별 발표 자료 만들어 발표하기

강서 생태습지 생태탐사 후 활동

강서 생태습지 생태탐사 후 소감 동화책(5학년), 시화집(6학년)제작을 위한 작품 구상하기

이 부분에 대한 구체적인 내용은 PART5를 참고한다.

3. 논으로 생태 탐사 Go!

서울 도심에 논이 있을까?

오곡논 생태 탐사 활동 모습

서울 도심에 논이 있을까? 서울특별시 강서구 오곡동에는 벼가 자라는 논
이 있다. 인근에 경기도 부천시 고강동과 김포공항이 인접해 있다. 이곳에는
논뿐만 아니라 20여 년 전 논농사가 중단되어 묵은 논이 습지로 변한 곳도 있
다. 또한, 김포공항 인접지로 사람들의 발길이 많이 닿지 않아 자연 그대로 습
지가 조성되어 있다. 이곳 습지에 부들이나 줄풀 사이로 흰뺨검둥오리 새끼와
어미가 유유히 헤엄치는 모습도 볼 수 있다.

서울시 강서구에서는 서울에서 유일하게 남아 있는 대규모 논을 활용한 환경 살리기 프로젝트를 실시한다고 한다. 생태환경 보존은 물론 친환경 농법을 주민들에게 알린다고 한다. 환경단체인 물푸레 생태 교육센터와 강서 아이쿱 생협에서 유기농 공동경작 등 생명 농업 관련 활동을 맡고, 강서구는 논 생물 모니터링과 교육 프로그램을 운영한다.

벼농사 짓기는 오곡동 3,300㎡ 규모의 '금개구리'논에서 유기농법으로 경작한다. 정말 다행이다. 필자가 근무하는 학교 학생들을 데리고 이곳 오곡 논에서 생태 탐사 활동을 한 경험을 중심으로 수업을 계획하여 운영한 바 있다. 학생들이 논 습지를 찾아 논 생물을 직접 관찰하고 양서류의 개체수 변화 등 기후 변화의 영향을 몸소 체험할 수 있어 좋았다.

[교과과정에서 연계 지도할 수 있는 논 생태탐사 활동]

논 생태 탐사 활동

❀ 활동 가이드

논 생태 탐사 전 주의사항 안내

오곡 논 생태 탐사 활동

오곡 논 생태 탐사 후 활동
오곡 논 생태 탐사 후 소감 동화책(5학년), 시화집(6학년)제작을 위한 작품 구상하기

🍁 활동 내용

논 생태 탐사 전 주의 사항 안내

1. 모자를 쓰고, 자외선 차단제를 바르고 온다.

2. 생물을 잡더라도 관찰하고 다시 있던 자리에 놓아 준다.

3. 논에 들어갈 때 미끄럽기 때문에 넘어지기 쉬우니 주의한다.

4. 주변에 해충이나 뱀 등에 주의한다.

5. 활동 후 반드시 손과 발 등을 비누로 잘 씻는다.

오곡 논 생태 탐사 활동

준비물 학교 : 루페, 뜰채, 장화(대여)

　　　　학생 : 메는 가방 (물, 필기구, 활동지, 간식, 돗자리 등)

① 오곡 논 동·식물 관찰하기

② 활동 후 모둠별 발표 자료 만들기

① 오곡 논 동·식물 관찰하기

② 오곡 논 동식물 관찰하기

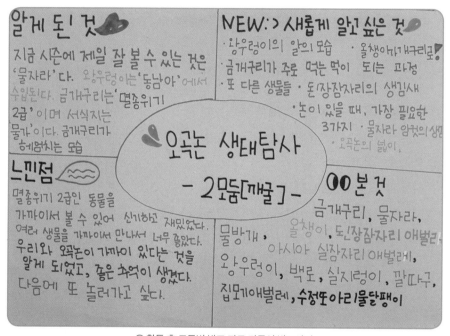

알게 된 것 ♥

지금 시즌에 제일 잘 볼 수 있는 것은 '물자라'다. 왕우렁이는 '동남아'에서 수입된다. 금개구리는 '멸종위기 2급'이며 서식지는 '물'이다. 금개구리가 헤엄치는 모습

느낀점 〜

멸종위기 2급인 동물을 가까이서 볼 수 있어 신기하고 재밌었다. 여러 생물을 가까이서 만나서 너무 좋았다. 우리와 오곡논이 가까이 있다는 것을 알게 되었고, 좋은 추억이 생겼다. 다음에 또 놀러가고 싶다.

NEW:> 새롭게 알고 싶은 것 ♥
· 왕우렁이의 알의 모습   · 올챙이아기 개구리로
· 금개구리가 주로 먹는 먹이 되는 과정
· 또 다른 생물들 · 된장잠자리의 생김새
· 논이 있을 때, 가장 필요한 3가지 · 물자라 암컷의 생김
· 오곡논의 넓이.

오곡논 생태탐사
- 2모둠[깨굴] -

○○ 본 것
금개구리, 물자라, 물방개, 올챙이, 된장잠자리 애벌레, 아시아 실잠자리 애벌레, 왕우렁이, 백로, 실지렁이, 팔따구, 집모기애벌레, 수정또아리물달팽이

③ 활동 후 모둠별 발표 자료 만들어 발표하기

오곡 논 생태 탐사 후 활동

🌐 오곡 논 생태 탐사 후 소감 동화책(5학년), 시화집(6학년)제작을 위한 작품 구상하기

이 부분에 대한 구체적인 내용은 PART5를 참고한다.

개화산 (서울시 강서구 개화동) 하늘길 전망대에서 바라본 풍경

PART 4.

생태환경을
지키는
에코 라이프
실천하기

1. 플라스틱 사용에 대한 우리들의 이야기

플라스틱 사용의 명암

학자들은 인류의 가장 획기적인 발견을 중심으로 시대를 구분하였다. 그것이 바로 구석기, 신석기, 청동기, 철기 시대이다. 그렇다면 지금의 시대는 어떤 시대인가? 바로 '플라스틱기'라고 부른다. 인류의 삶을 바꾼 플라스틱은 19세기부터 여러 발명가들에 의해 시도되다가 알렉산더 파크스(Alexander Parkes)에 의해 1862년에 합성된 플라스틱 형태로 발명되었다. 알렉산더 파크스의 플라스틱은 런던에서 열린 세계 박람회에서 전시되어 많은 사람들의 관심을 받기도 했다. 하지만 개발 비용이 너무 많이 들어 실제로 사용되지는 못했다. 그 후 1870년 존 웨슬리 하얏트(John Wesley Hyatt)라는 사람이 셀룰로이드를 발명하였다. 그의 발명품이 발표되고 나서 다양한 형태의 플라스틱 제품들이 개발되기 시작하였다. 플라스틱은 쉽게 원하는 모양으로 가공할 수 있다는 의미로 그리스어 플라스티코스(plastikos)에서 유래되었다. 열과 압력을 가해 성형할 수 있는 고분자 화합물이다. 플라스틱은 많은 종류가 있으며 열을 가해서 다시 가공이 가능한지 여부에 따라 '열가소성 수지'와 '열경화성 수지'로 나뉜다. 우리가 사용하고 있는 대부분의 플라스틱은 100℃이상에서 가열하였을 때 녹는데 이를 '합성수지'라고 부른다. 플라스틱은 획기적인 발명품이라고 말할 수 있을 정도로 우리 생활 속에 많이 사용되고 있다. 그 이후 플라스틱의 발전은 계속되었다. 현대인들에게 플라스틱은 필수품이 되어 버렸다. 플라스틱의 남발로 환경 오염과 건강 문제 그리고 최근 미세 플라스틱 등의 문제가 심각해지고 있어 나라마다 플라스틱 사용을 줄이기 위한 노력을 하고 있다.

우리가 흔히 쓰는 페트병은 사실 80일 정도 지나면 잘 안 보일 정도로 쪼개진다. 그러나 크기만 작아졌지 미세 플라스틱은 그대로 남는다. 화장품이나 세안 제, 치약, 연마제 등 일상 제품에 첨가하는 미세한 플라스틱 알갱이, '마이크로비즈(microbeads)'는 주로 폴리에틸렌이나 폴리프로필렌, 폴리스티렌 같은 석 유화학 제품이 원료다. 크기가 작다 보니 정수기 여과 시스템도 쉽게 통과한 다. 이런 마이크로비즈는 하수 처리장에서도 걸러지지 않고 그대로 바다로 흘 러간다. 이런 미세 플라스틱을 물고기나 플랑크톤이 먹고, 다른 큰 물고기가 이걸 잡아먹으면서 계속 올라가다 보면 가장 상위 영양 단계 먹이사슬 정점 에 있는 인간 밥상까지 미세 플라스틱이 올라오는 셈이다. 하와이 바다에서 작은 생물들 창자를 갈라보면 플라스틱 조각들이 수천 개가 나온다는 연구 결과도 있다.

플라스틱은 우리 생활 전반을 차지하고 있으며 쉽게 멈출 것 같지 않은 일상적이고 지속적인 성질을 가지고 있다. 플라스틱으로 지구는 병들고 있으며 자연은 아파하고 있다. '미세 플라스틱'이 우리 인간의 몸에 얼마나 위험한 존재인지 과학자들은 경고하고 있다. 우리나라는 플라스틱 오염국 중에 하나다. 미래 세대를 위해서라도 플라스틱 사용을 줄여야 한다. 지금 당장!

네덜란드 16세 소년 보얀 슬랫(Slat)은 다이빙을 즐겼는데, 하루는 바다에 너 무 쓰레기가 많아서 이걸 어떻게 해 보겠다고 행동을 구상했다. 태평양 플라 스틱 쓰레기를 수거하는 프로젝트를 주도하는 '오션 클린업(The Ocean Cleanup)' 의 출발이었다. 네덜란드 소년 보얀 슬랫이 주도한 바다 플라스틱 쓰레기 수 거 프로젝트를 우리는 주목하게 된다.

[교과과정에서 연계 지도할 수 있는 지구촌의 환경 문제_부록]

플라스틱의 역습

출처 : KBS 스페셜 '플라스틱 지구'

KBS 스페셜 '플라스틱 지구'라는 다큐멘터리는 총 2부로 방영되었다. 1부는 '플라스틱의 역습', 2부는 '굿바이 플라스틱'을 소개하고 있다.

1부 '플라스틱의 역습' 내용은 우리가 일상생활에서 흔하게 사용하고 있는 플라스틱이 지구에 어떤 영향을 끼치는지 알려주는 다큐멘터리이다. 플라스틱의 역습은 크게 두 가지 내용으로 구성된다. 첫 번째는 플라스틱 쓰레기가 세계 곳곳에 쌓이고 있고, 이들이 동물의 뱃속에서 발견되고 있다는 내용이고, 두 번째 내용은 아무렇게나 버려진 플라스틱 조각들이 바다로 흘러 들어가 미세 입자로 부서져 결국 인간의 입을 통해 몸속으로 들어온 후 축적될 수 있다는 경고다. 이 영상을 보고 우리가 무심코 사용하고 버린 플라스틱의 피해가 얼마나 큰지 알 수 있다. 버려진 플라스틱이 다시 부메랑이 되어 우리 몸속으로 들어올 수 있다는 것을 보면서 앞으로 우리는 플라스틱에 대해 어떤 자세를 가져야 할 것인지에 대한 생각을 정리하는 시간이 되었으면 한다.

플라스틱으로 인한 환경 문제 활동

🍁 활동 가이드

플라스틱에 대해 알아보기

1. 플라스틱의 기원
2. 플라스틱은 왜 만들어졌는가?

플라스틱의 환경 문제

1. 플라스틱으로 생기는 환경 문제에는 어떤 것들이 있는가?
2. '플라스틱의 역습' 영상 보고 소감문 발표하기

플라스틱의 환경 문제를 해결할 수 있는 방법

플라스틱의 환경 문제를 해결할 수 있는 방법에 대해 알아보고 발표해 보자

플라스틱으로 재활용품 만들기

페트병으로 플라스틱 꽃 만들기

🍁 활동 내용

플라스틱에 대해 알아보기

 1. 플라스틱의 기원

플라스틱이 어떻게 발명되었는지 알아보자 (모둠별 발표)

🌏 2. 플라스틱은 왜 만들어졌는가?

플라스틱이 없는 세상에 우리가 살고 있다고 상상해 보자. 흙으로 빚은 도자기를 사용할 경우 무게가 나가고, 깨질 위험이 많을 것이다. 또한 도자기를 굽기 위해 많은 비용이 들 수 있다.

그렇다면 금속을 사용할 경우는 어떠한가. 금속은 기본적으로 무게가 많이 나가고, 금속을 녹여 다양한 제품을 만들어내려면 높은 온도가 필요하다. 비용적인 문제가 발생할 수밖에 없다. 도자기나 금속은 다양한 형태로 모양을 만들어 사용하는 데 한계가 있다.

그렇다면 플라스틱은 어떠한가? 도자기나 금속에 비해 가볍고 쉽게 깨지거나 부서지지 않으며, 용기의 뚜껑을 열지 않고도 내용물을 확인할 수 있는 장점을 가지고 있다. 가장 큰 장점은 적은 비용으로 많은 플라스틱 용품을 생산할 수 있다는 것이다. 그래서 플라스틱은 우리 일상생활 속에 많이 사용되고 있다.

플라스틱의 환경 문제

🌏 1. 플라스틱으로 생기는 환경 문제에는 어떤 것들이 있는가?

플라스틱으로 생기는 환경 문제는 크게 세 가지로 볼 수 있다.

첫째, 플라스틱 소각으로 인한 환경 문제이다. 우리 일상생활에서 없어서는 안 될 플라스틱 제품들은 그만큼 엄청난 양의 쓰레기를 배출하게 된다. 플라스틱 쓰레기를 소각하면 부피는 줄일 수 있지만 태울 때 발생하는 1급 발암물질인 다이옥신이 발생한다는 것이다.

둘째, 플라스틱의 매립으로 인한 환경 문제이다. 다양한 종류의 플라스틱 쓰레기는 땅 속에 매립할 경우 썩지도 않는다. 플라스틱 쓰레기가 아주 작은 조각으로 분해되는 데 수백 년 이상이 걸린다고 한다. 이러한 매립 플라스틱 쓰레기는 토양 오염은 물론이고 강이나 바다로 흘러 들어가 쓰레기 섬을 만들어 또 다른 해양 오염을 유발한다.

셋째, 토양 오염이나 해양 오염으로 인하여 생태계를 파괴하는 환경 문제가 된다. 수백 년이 지나 플라스틱 쓰레기가 아주 작은 단위로 분해된다 해도 그 성분이 완전히 없어지지 않는다. 이는 결국 토양 오염을 야기해 식물의 성장에 해를 끼칠 것으로 본다. 또한 강이나 바다로 흘러간 플라스틱 쓰레기는 미세 플라스틱 조각으로 해양 생물의 몸속으로 흘러 들어가 생태계를 파괴하게 되고, 미세 플라스틱을 먹고 자란 물고기를 먹은 인간에게도 미세 플라스틱이 발견된다.

🌐 2. '플라스틱의 역습' 영상 보고 소감문 발표하기

아래 플라스틱의 역습 영상을 보고 소감문을 작성해서 발표해 보자.

마니쌤의 생태환경 이야기
플라스틱의 역습 영상 보고 난 후 소감문

(　　　　)학교 (　　)학년 (　)반　이름(　　　　　)

KBS 스페셜 '플라스틱 지구'라는 다큐멘터리입니다. 총 2부로 구성되어 있다. 그중 1부 '플라스틱의 역습'내용은 우리가 일상생활에서 흔하게 사용하고 있는 플라스틱이 지구에 어떤 영향을 끼치는지 알려주는 다큐멘터리이다.
이 영상을 보고 우리가 무심코 사용하고 버린 플라스틱의 피해가 얼마나 큰지. 그리고 버려진 플라스틱이 다시 부메랑이 되어 우리 몸 속으로 들어올 수 있다는 것을 보면서 앞으로 우리는 플라스틱에 대해 어떤 자세를 가져야 할 것인지에 대한 생각을 정리하는 시간이 되었으면 한다. https://www.youtube.com/watch?v=Br65tyzAB_E

한줄평 :

★ '플라스틱의 역습'을 보고 난 후 나의 소감

★ '플라스틱의 역습'을 보고 기억에 남는 장면을 그림으로 표현해봅시다.

♥이 장면이 기억에 남은 이유를 써 보세요.

★ 플라스틱 제품의 사용을 줄일 수 있는 방법을 적어봅시다.

플라스틱의 환경 문제를 해결할 수 있는 방법에 대해 알아보고 발표하기

플라스틱 섬, 해양생태계 파괴 등 플라스틱의 문제점을 해결하기 위한 유일한 방법은 플라스틱 사용을 줄이는 것이다. 플라스틱을 줄이기 위해서 우리가 할 수 있는 노력에는 어떤 것이 있을까? 일회용 컵 대신 머그컵·텀블러 사용하기, 비닐봉지 대신 에코백·장바구니 사용하기 등 플라스틱 사용량을 줄이거나, 혹은 어쩔 수 없이 사용한 플라스틱을 재활용하는 방법도 있을 것이다. 하지만 모든 플라스틱이 재활용 가능한 것은 아니다. 구성 성분에 염소 등의 독성이 포함되어 재활용을 하게 되면 건강에 악영향을 끼치는 플라스틱이 있기 때문에 우선 사용 중인 제품의 재활용이 가능한지 잘 파악하는 것이 중요하다.

플라스틱의 분리수거 재활용 유무를 확인할 수 있는 방법은 간단하다. 제품의 라벨지나 밑바닥을 살펴보면 삼각형 기호와 함께 1부터 7까지의 숫자가 표기되어 있는 것을 확인할 수 있는데, 이 숫자들에는 플라스틱 제품의 정보가 담겨져 있다. 1번은 음료수병, 생수병·간장병 등, 2번은 젖병·식용유병 등, 3번은 가정용 배출품이 아닌 공업용, 4번은 세탁물 포장 비닐·필름 통 등, 5번은 아이스크림 통·요구르트 통·빨대 등, 6번은 빵 자르는 칼·테이크아웃 식품용기 등, 7번은 그 외 다른 종류의 플라스틱이다. 3번과 6번, 7번은 독성이 강해 재활용이 불가능하고, 이외의 제품들은 재활용이 가능하므로 이러한 사항을 유의하면서 재활용에 사용하면 좋다. 텀블러 대용으로 사용하거나 다육이 화분, 아이들을 위한 장난감 등으로 활용할 수 있을 것이다. 또, 플라스틱을 처리하는 곳에서 플라스틱 분리를 잘 실시할 수 있도록 분리수거 방법을 파악하고 있는 것도 유용하다. 일상생활에서 많이 사용하는 페트병 같은 경우에는 뚜껑과 라벨지를 제거한 뒤 병 내부를 물로 깨끗하게 씻어 압축하여 버리면 된다. 라면봉지나 과자봉지 같은 경우, 찌꺼기가 묻어있는 내부를 씻어서 비닐류로 버리거나, 찌꺼기를 제거하기 힘들 때는 일반 쓰레기로 버리면 된다.

플라스틱으로 재활용품 만들기

🌏 페트병으로 플라스틱 꽃 만들기

준비물 플라스틱 병(뚜껑 포함), 빨대, 칼, 가위, 매직이나 네임펜 또는
아크릴 물감, 물통, 붓

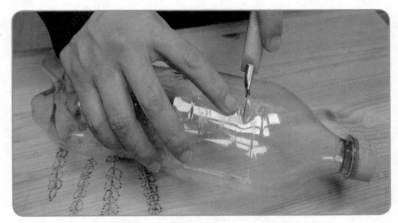

[1단계] 페트병의 윗부분을 칼로 3~5cm 잘라 준다.

[2단계] 페트병의 칼집을 낸 부분에 가위를 넣고 잘라 준다.

[3단계] 꽃잎을 자를 부분(6부분)에 가위로 잘라 준다.

[4단계] 꽃잎을 자른 부분을 펴준다. 그리고 끝을 다듬어 준다.

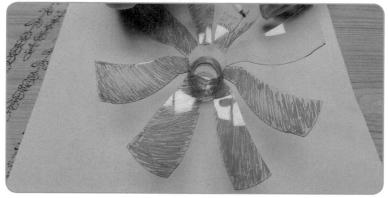

[5단계] 꽃잎을 매직이나 물감으로 색칠해 준다. 뚜껑은 다른 색으로 색칠한다.

[6단계] 완성된 작품

플라스틱 쓰레기 줄이기 : 페트병으로 탄생시킨 멋진 재활용품

　코로나19로 인하여 택배가 늘어나 플라스틱 수요가 많아짐에 따라 넘쳐나는 플라스틱을 처리하는 비용도 만만치 않게 들고 있다. 이러한 인류의 과도한 플라스틱 사용에 따른 생활 폐기물 처리 문제가 또 다른 환경 문제로 대두되고 있다. 플라스틱 제품을 재활용하여 새로운 제품을 만들어 사용하면 탄소 배출량을 줄여 환경 보호는 물론 자원 재활용으로 쓰레기를 줄일 수 있고, 경제적인 생활을 할 수 있다.

[교과과정에서 연계 지도할 수 있는 페트병 활용법_부록]

페트병을 활용한 공기 정화용 화분 만들기 활동

🍁 활동 가이드

> **공기 정화용 화분 만들기 활동 전**
>
> 1. 사전 안전 교육
> 2. 생태환경을 위해 페트병으로 어떤 재활용품을 만들 수 있을까?
> 3. 미리 준비해야 할 준비물은?

> **공기 정화용 화분 만들기 활동 중**
>
> 1. 공기 정화용 화분 만들기

> **공기 정화용 화분 만들기 활동 후**
>
> 공기 정화용 화분 만들기 활동 후 소감 나누기

🍁 활동 내용

공기 정화용 화분 만들기 활동 전

🌏 1. 사전 안전 교육

가위나 칼을 다룰 때는 손을 다치지 않게 주의한다.

※ 유치원, 초등학교 저학년은 부모님이나 선생님이 대신 잘라준다.

🌏 2. 생태환경을 위해 페트병으로 어떤 재활용품을 만들 수 있을까?

모둠이나 개인별로 생태환경을 위해 페트병으로 만들 수 있는지 조사해서 발표해 보자.

페트병을 활용한 재활용품	만드는 방법
	플라스틱 정원 만들기 • 플라스틱병을 가로로 두고 홈을 잘라서 그 안에 흙과 거름을 넣고, 식물 모종을 넣어 화분을 만든다. 이런 플라스틱 화분 여러 개를 수직으로 붙인 뒤에 사용하면 플라스틱 정원이 만들어진다. • 건물 외벽이나 실외 벽에 설치하는 것이 좋다. • 아파트의 발코니 벽에 걸어 두면 멋진 플라스틱 정원을 완성할 수 있다.
	플라스틱 돼지 저금통 만들기 • 플라스틱병의 중간 부분을 잘라내고 양 끝 부분을 글루건 등으로 붙인다. • 플라스틱 돼지 저금통의 몸통과 귀 부분은 시트지를 활용하여 꾸민다. • 돼지 다리는 병뚜껑 4개를 이용하며 병의 아랫 부분에 글루건으로 붙이면 된다.
	플라스틱 연필꽂이 만들기 • 플라스틱병의 바닥 부분에서 10cm 정도 잘라내어 만든다. • 좋아하는 색상의 페인트를 병 외부에 칠한다. • 페인트가 마르면 네임펜으로 표정을 넣어서 완성한다. • 팬톤 프리미엄 페인트 (300mL/노루페인트) • 색상은 스노우 화이트, 세레니티, 키위 중 선택한다. ＊젯소의 효과 : 페인트의 접착력을 높여 주고, 바탕색을 가려 주어 페인팅 효과를 높여 준다.
	플라스틱 책꽂이 만들기 • 플라스틱 가정용 세제 병을 잘라서 깨끗이 씻은 다음에 재활용하면 된다. • 용기를 자를 때는 펜으로 선을 먼저 그은 다음에 칼로 홈을 만들고 가위로 잘라내면 된다. • 높낮이를 다르게 하여 이단으로 자른다. • 아이들 책장이나 책꽂이에 활용도가 높다.

페트병(1.5mL), 탈지면, 가위, 칼, 공기 정화 식물 모종, 물, 테이프

※ 추천하는 공기 정화 식물 : 테이블 야자, 몬스테라, 스킨다비스, 안스리움, 나한송, 멜라니 고무나무, 다육이 등

공기 정화용 화분 만들기 활동 중

 공기 정화용 화분 만들기

[1단계] 페트병 윗부분의 1/3지점을 칼로 자른다.

[2단계] 거즈를 20cm 길이로 자른 후 페트병 윗부분의 입구에서 몸통 쪽으로 거즈를 뺀다.

[3단계] 모종에서 흙을 털어낸 식물을 페트병 윗부분에 넣는다.

[4단계] 페트병 아랫부분에 물을 반쯤 채워 넣고 식물을 담은 페트병 윗부분과 결합한다.

공기 정화용 화분 만들기 활동 후

🌏 **공기 정화용 화분 만들기 활동 후 소감 나누기**

공기 정화용 화분 만들기 활동을 통해 학생 스스로 느낀 점을 친구들과 나누는 시간을
가진다.

2. 일회용품 사용에 대한 우리들의 이야기

일회용품의 유혹

교실에 와서 일회용품들을 찾아보았다. 제일 먼저 눈에 띈 것이 종이컵이었다. 형형색색의 종이컵이 학습 준비물로 서랍장 가득 있었다. 또한 젓가락과 숟가락이 나왔다.

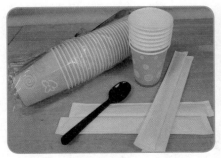
교실에 있는 일회용품들

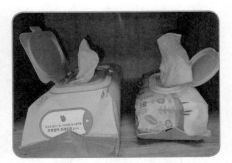
학생들이 사용하는 사물함 속의 물티슈

우리가 일회용품 줄이기 교육을 하면서도 정작 쉽게 줄이지 못하는 것들이 바로 일회용 컵의 사용이다. 학교나 회사에서 예전부터 편하게 일회용 컵을 많이 사용해 왔다. 한 번 쓰고 버리기 쉽기 때문일 것이다. 눈을 돌려 보니 교실 안에 학생들이 사용하는 사물함이 정리되어 놓여 있었다. '사물함 속에는 학생들이 보는 책이 있겠지' 하는 기대와는 다르게 물티슈가 있었다. 물티슈는 코로나19로 인해 방역이 중요해졌기에 항상 휴대용으로 준비하고 있겠지만, 코로나19 이전에도 학생들은 물티슈를 많이 사용한 것이 사실이다.

　물티슈가 교실에 꼭 있어야 할까? 이것을 대체할 수 있는 것은 없는 것일까? 물티슈가 없었던 시절에는 교실에서도 손걸레를 사용하였다. 미술 시간이나 기타 수업 시간 중에 물이나 액체를 흘리면 바로 손걸레를 가져와서 물이나 액체를 닦아냈다. 한 번 사용하고 버려지는 종이컵, 젓가락, 숟가락, 물티슈 등의 일회용품 쓰레기는 얼마나 될까? 2019년 환경부 전국 폐기물 통계 조사에 따르면 하루에 한 사람이 929.90g의 생활 폐기물을 발생시키는 것으로 나타났다. 종량제 폐기물이 255.43g, 음식물 폐기물이 367.95g, 재활용 가능자원 폐기물이 306.52g인 것에 비해 크게는 3.6배, 작게는 2.5배나 많은 것으로 나타났다. 조사 시기가 2016년도인 것을 고려하면 현재 코로나19 상황에서는 더 많은 쓰레기가 배출될 것으로 추론할 수 있다.

[교과과정에서 연계 지도할 수 있는 일회용품 사용_부록]

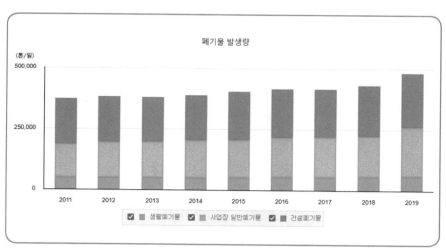

출처 : 전국 폐기물 발생 및 처리현황 (환경부)

일회용품, 막 쓰면 안 돼!

  일회용품이란 다시 사용하는 것을 고려하지 않고 한 번 사용하도록 고안된 제품으로서, 일회용 컵·접시·용기·나무젓가락·수저·포크·나이프와 일회용 면도기·칫솔·치약·샴푸·린스·봉투·쇼핑백·비닐 식탁보 및 일회용 광고 선전물 등이 해당된다. 일회용품은 종이 등을 제외하면 대부분이 플라스틱인 경우가 많다. 한국인은 1년에 11.5kg의 플라스틱을 사용한다고 한다. 플라스틱 쓰레기의 절반 이상이 포장재이다. 이들 포장재는 재활용되거나 소각되지 않는 것이 문제이다.

  이렇게 버려진 일회용 플라스틱은 땅에 묻히거나 바다로 가서 해양생태계를 위협하고 있다. 실제로 2017년부터 연근해에서 폐사한 거북이나 바다새를 부검한 결과 플라스틱을 삼키고 죽은 것들이 발견되었다. 일회용품 사용으로 자연 훼손, 생태계 파괴, 폐기물 발생 및 처리 비용 증가 등의 문제가 발생되고 있다.

  일회용품을 줄이기 위해서는 다음과 같은 노력이 필요하다.

  첫째, 개인이나 상점에서는 장바구니, 텀블러 사용을 생활화하여야 한다. 시장이나 마트에 가면 플라스틱 봉지에 물건을 담아 준다. 이처럼 불필요한 일회용품을 대신하여 장바구니를 사용한다. 커피 전문점에서도 일회용품 컵을 사용하지 않고 머그컵이나 개인 텀블러를 사용하도록 하는 것이 중요하다.

  둘째, 국가는 일회용품을 줄이기 위한 법안을 만들고, 기업은 일회용품을 대체할 친환경 소재 용기를 개발한다. 국가가 일회용품을 줄이는 데 적극적인 기업에 대해서 세금 감면 혜택을 주는 것도 좋은 방법이다. 기업은 배달 음식을 담을 때 플라스틱 용기 대신 종이 그릇이나 냄비, 친환경 일회용품 용기를 사용하도록 한다.

일회용품 사용 줄이기 활동 A

🍁 활동 가이드

일회용품 사용 바로 알기

1. 일회용품이란?
2. 우리가 사용하고 있는 일회용품 조사하기

일회용품 사용 줄이기 수업

1. 왜 일회용품 사용을 줄여야 할까?
2. 일회용품 사용을 줄이기 위해 개인, 기업, 정부는 어떤 노력을 해야 할까?

일회용품 사용 줄이기 캠페인

일회용품 사용 줄이기 수업 후 소감 나누기

🍁 활동 내용

일회용품 사용 바로 알기

🌐 1. 일회용품이란?

일회용품이란 한 번 쓰고 버리는 용품이라는 개념의 생활용품으로, 국민 소득의 증가로 인한 생활의 편리성이 중요시되면서 사용량이 증가하고 있다. 참고로 볼펜, 충전지를 제외한 건전지도 일회용품이다.

2. 우리가 사용하고 있는 일회용품은 어떤 것들이 있을까?	
가정에서	
학교에서	
상점에서	
시장에서	
♥공통점	

① 가정, 학교, 상점, 시장 등 학생들이 직접 보고 경험한 내용을 중심으로 적어 발표할 수 있도록 한다.
② 특히 장소에 따른 일회용품 사용에 대한 조사를 한 후 공통적으로 나오는 특성을 학생들 스스로 찾아 보게 하는 것이 필요하다.

일회용품 사용 줄이기 수업

1. 왜 일회용품 사용을 줄여야 할까?

① 일회용품 사용이 우리 생태환경에 미치는 영향을 중심으로 학생들 스스로 말할 수 있도록 지도한다.
② 다양한 이유가 있음을 학생들이 충분히 찾아 볼 수 있도록 하는 것이 좋다.

4. 일회용품 사용을 줄이기 위해 개인, 기업, 정부는 어떤 노력을 해야 할까?	
개인	
기업	
정부	

① 일회용품 사용을 줄이기 위해서는 어느 특정 개인이나 정부가 노력해서 해결되지 않는다는 것을 학생들이 알 수 있도록 지도한다.

② 개인 - 텀블러, 장바구니 사용한다.

　기업 – 친환경 제품 개발로 일회용 용기 사용을 줄인다.

　정부 – 친환경 제품 개발 및 사용 업체에 세제 혜택을 부여한다.

일회용품 사용 줄이기 캠페인

5. 일회용품 사용을 줄이기 위한 캠페인 계획을 세워보자.	
날짜	
장소	
(개인, 모둠)	
방법	
캠페인 내용	
재료 준비	

① 일회용품 사용 줄이기를 위해서 우리 스스로 의식 전환이 필요하다. 모두가 동참할 수 있도록 캠페인 계획을 개인 또는 모둠 단위로 계획해 본다.

② 캠페인 계획하기 전 사례를 조사해 보고 캠페인의 방법과 내용, 장소, 일시 등을 구체적으로 계획하여 실행한다.

일회용품 사용 줄이기 수업 후 소감 나누기

일회용품 사용 줄이기 수업을 통해 학생 스스로 느낀 점을 친구들과 나누는 시간을 가진다.

일회용품 사용을 줄이기 위한 여러 노력

일회용품 사용을 줄이기 위해 정부는 어떤 활동을 하는가?

가족들이 오래간만에 커피숍에 갔다. 아빠, 엄마는 시원한 아메리카노 커피를 시키고, 자녀들은 코코아 음료나 청포도 에이드를 주문했다. 시간이 지나고 음료가 나왔다. 그런데 커피와 코코아 음료와 청포도 에이드는 플라스틱 용기에 담겨 있다. 플라스틱 용기는 한 번 쓰고 버리는 일회용품이다. 여기서 끝이 아니다. 음료 바로 옆에 플라스틱 빨대가 함께 있다.

불과 몇 해 전까지만 해도 커피숍에서 우리가 볼 수 있는 일상적인 풍경이었다. 하지만 지금은 상황이 달라졌다. 정부는 2018년 8월 1일부터 커피 전문점에서 일회용 컵 사용을 금지하도록 했다. <자원의 절약과 재활용 촉진에 따른 법률>에 따라 커피 전문점 매장 내에서 일회용 컵을 사용하다가 적발될 경우 해당 사업장에서는 최소 5만 원에서 최대 200만 원의 과태료가 부과된다(매장 면적에 따라 과태료는 상이). 환경부는 커피 전문점 등과 '일회용품 줄이기 자발적 협약' 이행을 위해서 소비자가 개인 컵을 지참할 경우 10% 할인 혜택을 적용하기도 한다. 커피 전문점이나 패스트푸드점을 이용할 때는 머그컵이나 유리컵에 음료를 달라고 하거나 개인 텀블러를 챙겨가서 음료를 담아 오면 혜택을 받을 수 있다. 이렇게 머그컵이나 유리컵 또는 개인 텀블러를 사용할 경우 플라스틱 빨대도 자연스럽게 이용하지 않게 된다. 물론 몇몇 업체에서는 종이 빨대를 개발해서 사용하기도 하지만, 이것도 일회용품에 속하기 때문에 개인 텀블러나 머그컵에 먹는 것이 좋다.

원래, 정부는 2021년부터 커피 전문점에서 일회용 컵을 사용하지 못하도록 하는 정책을 홍보하였다. 또한 2022년부터는 테이크아웃(take-out) 컵을 사용할 경우 보증금을 내고 다시 돌려주면 보증금을 돌려받는 '컵 보증금제'가 도입된다.

정부는 2022년까지 일회용품 사용을 35%로 감축하기 위해 이와 같은 중장기 단계별 계획(로드맵)을 발표하였다. 대상 업체는 식당, 패스트푸드점 등 식품접객업소가 이에 해당한다.

플라스틱 빨대는 2022년부터 식당, 카페, 패스트푸드점 등에서, 세척시설을 갖춘 장례식장에선 2021년부터 일회용 컵·식기 사용이 금지된다. 2022년부터 50실 이상 숙박업, 2024년부터 모든 숙박업에서 샴푸, 린스, 칫솔, 면도기 등 일회용 위생용품을 무상 제공할 수 없다.

이렇게 많은 정책을 쏟아내도 개개인이 실천하지 않는다면 정책은 성공하지 못할 것이다. 개인, 시민단체 그리고 환경부와 같은 담당 부서에서 꾸준한 감시와 점검을 하여 정책이 성공할 수 있도록 모두 노력해서 일회용품 사용을 줄여야 할 것이다.

일회용품 사용을 줄이기 위해 시민단체는 어떤 활동을 하는가?

우리나라에서 가장 큰 환경운동을 하는 시민단체로는 환경운동연합(http://kfem.or.kr)이 있다. 환경운동연합은 2018년 기준 창립 25주년을 맞이하였으며, 생명·평화·생태·참여를 새로운 가치로 자연과 공존할 수 있는 삶터를 지키고 행복한 미래를 만들어가기 위해서 노력하고 있다. 환경운동연합은 감시와 견제의 역할에서 한 걸음 나아가 아름답고 건강한 미래를 위해 중장기적인 비전과 대안을 수립하고 실현하고 있다. 환경운동연합이 하는 활동으로는 핵, 에너지, 기후 변화, 물, 하천, 국토, 습지, 해양, 생명 안전, 국제연대, 환경정책, 권력 감시, 기업 감시 등이 있다. 환경운동연합은 서울(4개), 광역시(7개), 경기(13개), 강원·제주(5개), 충북·충남(6개), 전북·전남(9개), 경북·경남(9개) 지역 환경운동연합과 협력하여 활동하고 있다.

환경정의 시민연대(http://eco.or.kr)는 지구 생태계와 한반도가 처한 환경 위기가 지배와 억압의 세계관과 가치관, 성장 중심의 문명 제도에서 비롯된 것이라고 인식하며, 위기 극복을 위해서 사회적으로 정의롭고 생태적으로 지속가능한 환경 정의를 실현하는 데 기여하는 환경단체이다. 환경정의 시민연대는 먹거리 정의센터, 유해물질, 대기센터, 환경정의 연구소 등으로 구성되어 있다. 용인 환경정의, 북부 환경정의 중랑천 사람들과 같은 지역조직을 두고 있다. 전국에 있는 환경연합 시민단체는 일회용품 사용 줄이기를 위하여 시민과 함께, 시장님과 함께, 커피 전문점이나 마트, 시장과 함께 '일회용품 줄이기 캠페인'을 벌이고 있다.

서울환경연합 - '빨대 이제 뺄때'라는 구호로 1회용 플라스틱 빨대 안 쓰기 캠페인을 하였다.

광양환경운동연합 - 버스터미널 부근 커피 전문점에서 캠페인을 하고, 광양시청 입구나 청사 내에서 광양시청 환경과 담당 공무원과 함께 캠페인을 진행하였다. 환경부와 자발적 협약을 체결한 스타벅스 커피점으로 이동하여 모니터링과 매장 내 플라스틱 사용 금지를 홍보하였다.

세종환경연합 - '자원순환도시 세종, 플라스틱 줄이기 운동 캠페인', '일회용품 없는 지방정부' 선언, 마트·재래시장·약국·베이커리 등과 비닐 봉투 사용 줄이는 자발적 협약 추진, 일회용품과 플라스틱 사용 줄이기 운동에 동참하는 캠페인을 하였다.

오산환경연합 - 오산시청에서 '플라스틱 Zero' 캠페인을 진행하였다.

광주환경연합 - 광주시민들과 함께 '일회용품 안 쓰기 시민 도전단'을 발족하고, 스타벅스 충장서림 앞 '일회용 컵 안 쓰기' 캠페인을 시작으로 각종 감시활동과 교육 등을 하였다.

전북환경연합 - 전주시장은 일회용품 줄이기 선언에 함께 동참하기로 하였다.

통영거제환경연합 - 통영 E-MART 정문에서 모형 일회용 플라스틱 대형 컵에 옐로카드를 붙이면서 일회용 컵 사용의 문제와 심각을 알리기 위한 '플라스틱 Zero 선언' 전국캠페인을 진행하였다.

서산·태안환경연합 - 서산시장은 '1회용품 없는 서산시' 선언에 동참하기로 하였다. 개인 텀블러 사용과 '일회용 종이컵뿐만 아니라 쓰레기 줄이기 위한 계획을 추진하기로 약속하였다.

속초·고성·양양환경연합 - 회원이 운영하는 커피 전문점으로부터 '플라스틱 Zero' 캠페인에 동참하였다. '일회용품 안 쓰면 가격은 할인, 커피 맛은 두 배' 운동을 하였다.

일상에서 일회용품 줄이는 방법은?

우리가 생활하는 일상에서 일회용품을 줄이는 방법을 6가지로 정리할 수 있다.

실천 방법 1

재사용이 가능한 물품 사용하기

　장바구니나 에코백, 개인 텀블러와 같은 친환경 제품을 일상생활에서 사용
함으로써 일회용품 사용을 줄일 수 있다. 특히 커피 전문점이나 카페를 이용
할 때 개인 텀블러를 들고 다니는 것을 생활화하는 것이 중요하다. 사무실에
서도 종이컵 대신 개인 컵을 사용하자. 마트나 재래시장을 이용할 때도 비닐
봉지 대신 장바구니를 이용하면 일회용품을 줄일 수 있다.

실천 방법 2

여행을 갈 때는 일회용품 말고 개인용품 챙겨가기

　우리가 여행을 갈 때 챙기는 물품 중에는 일회용 칫솔과 화장품 샘플들, 일
회용 샴푸 등이 모두 자원 낭비에 속한다. 가볍게 떠나고 싶은 여행이라도 환
경을 위해 일회용 여행용품을 구입하여 가져가지 말고 조그만 용기에 샴푸나
화장품을 덜어서 여행지에 가지고 가면 일회용품을 줄이는 방법이 될 수 있다.

실천 방법 3

백화점, 마트에서 일회용품 포장 거절하기

　백화점이나 마트에서 우리가 구입하는 옷이나 제품을 포장하는 포장지 상
자와 쇼핑백이 또 하나의 일회용품이 되며, 집에 오면 바로 버려지기 때문에
자원 낭비에 속한다. 이러한 불필요한 일회용품을 거절하는 것이 필요한데,
포장이나 쇼핑백에 담아주는 대신에 가방에 넣어 오는 것이 좋다. 또한 식품
이나 물건을 감싸고 있는 포장들은 거의 모두 일회용품이며, 바로 버려지므로
자원 낭비에 속한다. 그렇기에 백화점이나 마트 보다는 정이 가득한 전통시장
을 이용하여 일회용품 사용량을 줄이는 것도 한 방법이다.

실천 방법 4

일회용 플라스틱 용기 재사용하기

한 번 사용하고 버려지는 플라스틱 용기가 얼마나 많은가? 플라스틱 용기를 깨끗이 씻어서 재활용하면 또 하나의 자원 활용이 될 수 있다. 플라스틱 페트병을 재활용하여 가습기 물 용기로 활용하기, 플라스틱 페트병을 공기 정화용 화분으로 재활용하기 등을 통해 일석이조의 효과를 거둘 수 있다.

실천 방법 5

물티슈 대신 손수건 사용하기

학교에서도 물티슈를 지나치게 자주 사용하여 환경을 위협하고 있다. 개인은 손수건을 활용하고, 바닥을 닦을 때는 손걸레를 활용한다면 일회용품을 줄일 수 있다. 버려지는 물티슈 대신 손수건을 사용하면 우리의 환경을 살릴 수 있다는 것을 기억하자.

실천 방법 6

배달 음식 이용 줄이기

코로나19로 배달 음식 이용이 일반화되었지만 배달 음식 이용으로 인하여 발생하는 일회용품은 상상을 초월할 정도로 많다. 외국인들이 우리나라에 와서 제일 놀란다는 점 하나가 배달 문화가 굉장히 발달했다는 것이다. 그만큼 우리나라는 지나치게 일회용품을 사용하고 있다. 배달 음식에 사용되는 일회용 용기 사용량이 그만큼 많기 때문이다. 배달 음식을 먹는 횟수를 줄이는 것도 일회용품을 줄이는 것에 큰 도움이 된다.

일회용품 사용 줄이기 활동 B

🍁 활동 가이드

- 일회용품 사용 줄이는 방법 찾아보기
- 일회용품 사용 줄이는 시민단체 활동 조사하기
- 일회용품 사용 줄이는 공익광고 만들기
- 일회용품 사용 줄이기 수업 후 소감 나누기

🍁 활동 내용

일회용품 사용 줄이기 방법 찾아보기

1. 일상생활에서 일회용품 사용을 줄이기 위한 방법 6가지	
1	
2	
3	
4	
5	
6	

일회용품 사용 줄이는 시민단체 활동 조사하기

일회용품 사용을 줄이기 위해 시민단체가 하는 활동을 조사해서 발표해 봅시다.

2. 일회용품을 줄이기 위해 시민단체가 하는 활동 조사하기	
①시민단체명	
하는 일	
②시민단체명	
하는 일	

일회용품 사용 줄이는 공익광고 만들기

일회용품 사용을 줄이기 위한 공익광고 만들기를 하여 봅시다.

3. 일회용품 사용 줄이기 공익광고 만들기			
영상주제			
모둠원			
역할 분담		배우	
		감독	
		영상 연출	
		영상 편집	
대본작성	시나리오	자막	
		대사	
	스토리보드	장면	
		촬영 각도	
		준비물	
		촬영 장소	
촬영하기			
영상편집	※KINE MASTER 등 활용		
상영(발표)			

① 초등학생들은 새로운 광고를 만들게 하면 어려워할 수 있으므로 기존의 공익광고를 보여주고 '패러디' 하게 하는 것이 좋다.

② 공익광고에서 전달하고자 하는 메시지가 잘 전달될 수 있게 하는 것이 중요하다.

③ 촬영을 할 때는 소리와 영상이 잘 녹화될 수 있도록 한다.

④ 첫 화면과 마지막 화면은 3초 이상 정지한 다음 촬영한다.

⑤ 유튜브나 홈페이지에서 자료를 참고할 때 '가짜뉴스'를 잘 거르고, 출처가 분명한 공공기관 정보나 뉴스 또는 기사를 활용한다.

일회용품 사용 줄이기 수업 후 소감 나누기

3. 미세먼지에 대한 우리들의 이야기

미세먼지의 위협

학교에 게양된 <미세먼지 매우 나쁨> 깃발

　2021년 1월 학교 교정이 하얀 눈으로 덮였다. 학교에 있는 나무들 위로 하얀 눈이 내려앉은 모습은 아름다운 자태를 뽐내기에 충분했다. 하지만 눈을 보고 낭만적인 생각을 할 때만은 아닌 것 같다. 겨울철에 내리는 눈을 분석해 보면 산성도가 4.2pH로, 신 김치의 수준이다. 미세먼지로 오염되지 않은 눈보다 산성도가 25배가량 높다고 한다.

　미세먼지에는 황사까지 섞인 탓도 있다. 봄철 희뿌연 하늘을 자주 보곤 하는데, 이런 하늘에는 미세먼지와 황산화물, 질소산화물 등의 유해 성분이 대부분을 차지한다. 이외에도 납과 같은 중금속이 섞여 검출되고 있다. 이것은 자동차 매연과 공장 가동, 가정 내의 난방기구 등을 통해 석탄이나 석유와 같은 화석연료가 탈 때 나오는 매연 때문으로 분석된다. 몇 해 전보다 최근 미세먼지가 심각해지는 이유를 중국발 미세먼지로 보는 견해도 있다. 중국의 산업화가 가속화되면서 석탄 사용량이 급증했기 때문이다. 중국통계 연보(2011)에 따르면 중국의 석탄 의존율이 70%를 훌쩍 넘었다고 한다. 겨울이 되면 석탄 사용량이 더 늘었고, 미세먼지 농도도 높아졌다. 이 미세먼지는 북서풍을 타고 우리나라로 날아와 오염 물질과 합쳐져 축적되면서 뿌연 하늘을 만드는 요인이 되고 있는 것이다. 역설적이게도 2020년 2월부터 4월까지 미세먼지가 작년에 비해 눈에 띄게 줄어들었다는 것을 우리 스스로 느낄 수 있었다. 코로나19로 중국의 공장이 가동을 멈췄기 때문이다. 중국의 미세먼지가 우리나라에 얼마나 영향을 끼치는지 이번 코로나19를 통해 알게 되었다.

중국의 약 300여 개 도시에서도 공기가 좋은 날의 비율이 코로나19가 발생하기 전 해보다 약 11%나 증가한 것으로 나타났다. 이러한 환경의 변화에 동물들도 반응하기 시작했다. 코로나로 인해 관광지로 향한 사람들의 이동이 줄자 미국의 유명 관광지인 샌프란시스코 금문교 부근에 코요테가 나타났다. 역사적인 유적지들이 많아 수많은 관광객이 찾았던 이스라엘 수도의 텔아비브 공원에도 야생동물인 자칼 한 무리가 나타났다. 세계적인 관광지인 베네치아에서도 60년 만에 돌고래가 돌아왔고, 일부 지역에서는 집 앞까지 찾아온 캥거루와 바다사자가 목격되기도 했다.

[교과과정에서 연계 지도할 수 있는 미세먼지_부록]

미세먼지, 무엇이 문제인가?

　먼지란 대기 중에 떠다니거나 흩날려 내려오는 입자상 물질을 말하는데, 석탄·석유 등의 화석연료를 태울 때, 혹은 공장·자동차 등의 배출 가스에서 많이 발생한다. 먼지는 입자의 크기에 따라 50㎛ 이하인 총 먼지(TSP, Total Suspended Particles)와 입자 크기가 매우 작은 미세먼지(PM, Particulate Matter)로 구분한다. 그리고 미세먼지는 다시 지름이 10㎛보다 작은 미세먼지(PM10)와 지름이 2.5㎛보다 작은 미세먼지(PM2.5)로 나뉜다. PM10이 사람의 머리카락 지름(50~70㎛)보다 약 1/5~1/7 정도로 작은 크기라면, PM2.5는 머리카락의 약 1/20~1/30에 불과할 정도로 매우 작다.

　미세먼지는 코, 구강, 기관지에서 걸러지지 않고 체내에 흡입된다. 이에 세포들이 먼지를 제거하려는 작용을 하면서 염증 반응이 생겨 기도, 폐, 심혈관, 뇌 등 우리 신체의 각 기관에서 호흡기 질병이 발생하고, 또 악화되기도 한다. 그 결과 심혈관계에 부정적 영향을 끼치게 되어 암 발생률이 증가하게 한다. 미세먼지가 다른 오염 물질에 비해 더 위험한 이유

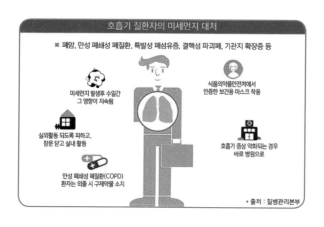

는 대부분의 먼지가 비강이나 기관지 점막에서 걸러져 배출되는 것과는 다르게 미세먼지는 입자 크기가 매우 작아 체내로 스며들기 때문이며, 먼지의 크기가 작을수록 더 넓은 표면적을 차지하여 유해물질이 더 많이 흡착될 수 있

기 때문이다. 더욱이, 초미세먼지의 경우에는 황산염, 질산염 등이 60% 정도 포함되어 있으며 호흡기 깊숙이 폐포(뇌)까지 침투할 수 있어 인체의 위험도가 높다. 미세먼지는 건강 취약계층인 임산부와 태아, 아동의 발달 및 건강에 심각한 영향을 미친다. 아동의 경우에는, 많은 활동량으로 인해 호흡량이 증가됨에 따라 미세먼지에 장기간 노출된 아동은 폐 성장에 악영향을 받게 되고 폐 기능의 저하나 손상으로 인해 호흡기 질환에 걸릴 확률이 높다. 또한 미세먼지에 노출된 경우, 출생 전의 태아기부터 시작되어 출생 후까지 건강에 부정적인 영향을 미침이 지적되었으며 연령이 어린 경우 그 영향은 더욱 심각하게 나타나는 것으로 보고되고 있다. 15세 미만의 아동보다 0~4세의 어린 아동에게서 초미세먼지로 인한 천식 입원 발생 위험이 높게 나타났고, 학령전기 아동에게서 비정상적인 폐 기능 및 호흡기 질환과 상관성이 높게 나타났다고 보고되고 있다. 또한 중국에서는 미세먼지로 인해 폐암에 걸린 아동의 사례까지 보도되었고, 주의력 결핍과 관련된 과잉행동장애나 자폐증과의 연관성이 보고되고 있다.

특히 세계보건기구(WHO)는 초미세먼지를 1급 발암 물질로 분류하고 있다. 하지만 입자가 작은 미세먼지는 코, 구강, 기관지에서 걸러지지 못하고 우리 몸속까지 들어갈 수 있다. 이렇게 장시간 미세먼지에 노출되면 면역력이 급격히 저하되어 감기, 천식, 기관지염 등의 호흡기 질환은 물론 심혈관 질환, 피부 질환, 안구질환 등 각종 질병에 노출될 수 있다.

미세먼지를 예방할 수 있는 방법은?

  미세먼지의 심각성을 줄이기 위해 환경부가 2019년 미세먼지 대응 7가지 행동 요령을 발표하였다.

①「외출 자제」②「외출 시 보건용 마스크 착용」③「외출 시 대기오염이 심한 곳은 피하고 활동량 줄이기」④「외출 후 깨끗이 씻기」⑤「물과 비타민C가 풍부한 과일·야채 섭취하기」⑥「환기·물청소 등 실내공기 질 관리하기」⑦「대기오염 유발행위 자제하기」로 제시하고 있다.

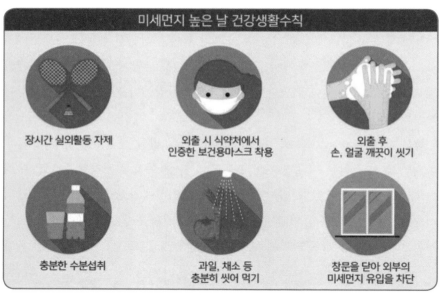

출처 : 환경부

  ① 미세먼지 주의보가 발령된 지역은 가급적 외출을 자제해야 한다. 부득이 하게 외출해야 할 경우에는 마스크를 착용하는 것이 좋다. 식약처 인증마크는 KF(Korea Filter)80, KF94, KF99 등이 있다. 숫자가 높을수록 차단 효과는 높지 만 사람에 따라 호흡 곤란이 올 수 있으니, 본인에게 맞는 마스크를 선택하는

것이 중요하다.

② 실내에 있을 경우, 창문을 닫아 외부의 미세먼지 유입을 차단해야 한다. 또한, 실내청소는 청소기를 돌리는 것보다 물걸레를 사용하고, 빨래는 집에서 건조하는 게 좋다.

③ 외출 후 돌아오는 경우, 집에 들어가기 전 옷이나 가방의 먼지를 털고 곧바로 손과 얼굴, 귀 등을 깨끗이 씻어야 한다. 흐르는 물이나 생리 식염수로 코를 씻으면 미세먼지의 체내 침투를 줄일 수 있다.

④ 물을 많이 마시는 것도 중요하다. 물을 마시면 체내 대사가 활발해져서 노폐물 배출이 원활해진다. 콧물이나 가래 등의 분비가 늘어나면서 미세먼지의 체내 침투를 막아주는 효과가 있다. 물을 자주 마셔 기관지를 건조하지 않도록 촉촉한 상태로 유지하는 것이 좋다.

⑤ 미세먼지에 좋은 음식으로 미역이나 과일, 채소, 녹차 등이 있다. 이런 음식들은 중금속의 체내 축적을 예방하고 노폐물의 배출을 도와주는 효과가 있다.

⑥ 환기 및 물청소 등을 통하여 실내 공기 질 관리를 해야 한다. 환기는 최소한 오전, 오후, 저녁 하루 3번 30분 이상 환기(1330 환기 실천 캠페인), 환기 시간은 오전 10시부터 오후 9시 사이에 하는 것이 좋다. 학교에서는 수업 중간 쉬는 시간 5분을 이용하여 환기하는 것이 좋다.

⑦ 대기 오염을 유발하는 행위를 하지 않도록 한다. 폐유를 연료로 사용하는 행위, 폐기물의 불법 소각 행위, 검댕 해상 유출 등 대기 오염을 유발하는 행위를 하지 않도록 한다.

✿ 활동 가이드

미세먼지 바로 알기

1. '미세먼지 7가지 행동 요령 송' 따라 부르기
2. 미세먼지란
3. 우리나라의 미세먼지 발생 원인 조사하기

미세먼지 줄이기 수업

1. 왜 미세먼지를 줄여야 할까?
2. 미세먼지를 줄이기 위해 개인, 기업, 정부는 어떤 노력을 해야 할까?

미세먼지 줄이기 카드 뉴스 만들기

미세먼지 줄이기 수업 후 소감나누기

미세먼지 줄이기 활동

✿ 활동 내용

미세먼지 바로 알기

 1. '미세먼지 7가지 행동 요령 송' 따라 부르기

유튜브 영상 출처 : 환경부

2. 미세먼지란

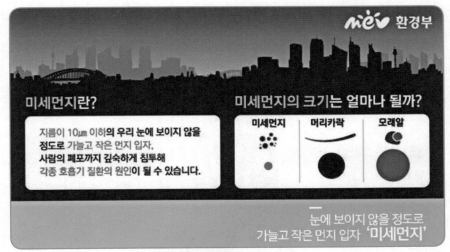

출처 : 환경부

3. 우리나라의 미세먼지 발생 원인 조사하기

① 중국발 미세먼지로 인한 미세먼지 유입

② 우리나라 자체에서 발생하는 미세먼지

- 자동차 매연, 공장 가동, 가정 내의 난방기구 등을 위한 석탄이나 석유와 같은 화석연료가 탈 때 발생한다.

- 농촌에서 비닐, 페트병과 같은 생활 쓰레기 및 농업 잔재물 등을 불법 소각할 경우 발생한다.

- ①, ②외에도 우리나라의 미세먼지 발생 원인을 자료 조사해서 발표할 수 있도록 한다.

미세먼지 줄이기 수업

🌏 1. 왜 미세먼지를 줄여야 할까?

- 폐 기능의 저하나 손상으로 인해 호흡기 질환이 발생한다.
- 심혈관 질환, 피부 질환, 안구 질환 등 각종 질병의 원인이 된다.
- 주의력 결핍과 관련된 과잉행동장애나 자폐증과의 연관성이 있다.

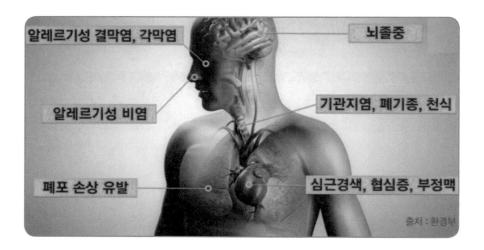

🌏 2. 미세먼지를 줄이기 위해 개인, 기업, 정부는 어떤 노력을 해야 할까?

① 개인 또는 시민단체 : 에너지 소비 절감(가까운 거리 걸어 다니기, 저탄소 자동차 운행), 가정 내 오염 물질 배출 줄이기, 미세먼지 발생 감시 및 비판(시민 단체)
② 기업 : 미세먼지 저감장치 설치, 신재생 에너지 개발, 자원 재활용
③ 정부 : 오염물질 배출 규제 환경 관련 법률 제정, 국가 간 외교를 통해 미세먼지 해결을 위한 공동 노력

미세먼지 줄이기 카드 뉴스 만들기

- PPT로 미세먼지 줄이기 카드 뉴스를 제작하여 발표한다.
- 강한 메세지를 전달하는 이미지와 간결한 문장을 쓴다.

미세먼지 줄이기 수업 후 소감 나누기

4. 기후 변화(이상기후)에 대한 우리들의 이야기

기후변화에 관한 책들

2020년 대한민국에는 어떤 기후 변화가 있었는가? 2020년 1월 기온은 역대 가장 높아 기후 변화 속에서 이례적으로 가장 따뜻했다. 2020년 3월 기온도 따뜻했으나 4월에는 쌀쌀하다가 5월에 다시 소폭 상승해 심하게 널뛴 기온 변화를 보였다. 2020년 6월에는 이른 폭염이 한 달간 지속되면서 평균기온과 폭염일수가 역대 1위를 기록했다. 2020년 7월에는 선선했던 날이 많아 6월 평균기온이 7월보다 높은 현상이 관측 이래 처음으로 나타났다. 장마 기간은 중부와 제주에서 각 54일, 49일로 역대 가장 긴 장마철이었으며, 정체전선에 의한

남북으로 폭이 좁은 강한 강수대가 자주 형성되어 집중호우가 잦았다. 태풍은 총 23개가 발생하여 이 중 4개가 8월~9월 초까지 우리나라에 영향을 주었다. 특히 태풍은 8호~10호 태풍이 연이어 한반도에 영향을 주면서 큰 피해를 주었다. 2020년 우리나라 전국 평균기온은 13.2도로 평년보다 0.7도 높았다. 1973년 이후 상위 5위를 기록했다.

서점에 가면 지구의 이상기후의 위험성을 알리는 책들을 쉽게 찾을 수 있다. 유난히 더웠던 지난 2020년의 여름과 한 달 이상 길었던 장마, 그리고 이어진 강력한 태풍은 사람들을 지치게 하였다. 지구의 이상기후에 대한 경고는 어제오늘 일이 아니다. 데이비드 월너스 웰즈는 그의 저서 《2050 거주불능 지구》에서 '상황은 심각하다. 생각보다 훨씬 더 심각하다.'라고 기술하면서 '자연재해'가 아닌 '대량 학살'의 위기에 지구는 직면해 있다고 강한 어조로 경고하고 있다. 와다 다케시는 그의 저서 《함께 모여 기후변화를 말하다》에서 아이들에게 수백 년 후의 먼 미래를 염두에 두고 전 지구적인 넓은 시야를 가져야 한다든가 CO_2라는 눈에 보이지 않는 물질이 기후 변화의 주요 원인이라는 식의 수업이 학생들에게 기후 변화에 대한 위험을 알리는 데 어려움이 있다고 말하고 있다. 그래서 시민단체가 기후 변화 문제를 특화시킨 교재를 개발하고 지자체에서 이 교재를 모델로 다양한 환경교육 프로그램을 개발하여 학교에 적용할 필요가 있다고 이야기하고 있다.

저자는 그의 책에서 초등학교 고학년을 대상으로 하는 참여형 교육 프로그램인 '지구에게 보내는 편지'를 통해 새로운 환경 교육의 방법을 제시하고 있다. 이는 기후 변화를 알리기 위한 프리젠테이션으로 시작하여 학생들이 빙하가 녹는 사진, 해면 상승으로 침수가 된 섬의 과거와 현재 사진, 급격한 온도 상승을 나타내는 그래프 등을 보면서 기후 변화의 심각성을 깨닫는 것으로부터 시작된다. 다음으로 기후 변화가 일상생활과 깊게 연관되었다는 사실을 알려 주는 퀴즈 게임을 하며 일상생활과 기후 변화의 관계를 학생들은 새롭게 인식하게 된다. 다음으로 팀 활동을 한다. 상상력을 발휘하여 우리 생활에서 CO_2 배출을 줄이는 방법을 찾아 보는 활동을 한다. 마지막으로 '지구에게 보내는 편지 쓰기'시간을 갖는다. 학생들이 직접 쓴 편지는 기후 네트워크의 자원 봉사자들이 답장을 해 준다.

[교과과정에서 연계 지도할 수 있는 기후변화_부록]

기후 변화, 우리 생활에 어떤 영향을 끼칠까?

기후 변화란 수십 년 또는 그 이상 지속되는 기후의 평균 상태나 그 변동 속에서 통계적으로 의미있는 변동을 일컫는 말이다. 기후는 수십 년 동안 한 지역의 날씨를 평균화한 것이다. 기후는 위도, 바다로부터의 거리, 식물, 산의 존재 또는 다른 지리적 요소에 의존하기 때문에 장소에 따라 다르고, 시간에 따라서도 다를 수 있다. 즉 계절과 계절, 1년 주기, 10년 주기 그리고 빙하기 같은 시간 규모에 따라 다를 수 있다. 이와 비슷한 의미로 사용하고 있는 용어가 이상기후이다.

이상기후란 기온, 강수량 등의 기후 요소가 평년값(1981년~2010년)에 비해 현저히 높거나 낮은 수치를 나타내는 극한 현상으로, 세계기상기구(WMO)에서는 90% 초과 또는 10% 미만의 범위를 가리킨다.

기후 변화의 요인은 크게 자연적인 원인과 인위적인 원인으로 나눌 수 있다.
- 자연적인 원인으로는 화산 분화에 의한 성층권의 에어로졸 증가, 태양 활동의 변화, 태양과 지구의 천문학적인 상대위치 변화 등이 있다. 외적 요인 없이도 기후 시스템(온도, 습도, 강수, 풍속, 낮 길이)은 자연적으로 변할 수 있다. 기후 시스템과 대기권, 수권, 빙권, 지권, 생물권 각 요소들이 상호작용하여 끊임없이 변화하기 때문이다.
- 인위적인 원인으로는 인간 활동이 대규모적으로 기후에 영향을 끼치는 것을 말한다. 대표적으로 산업혁명 초기인 18세기 중엽부터로 1970년부터 2004년 사이에 지구 온실가스 배출량은 70%나 증가하였으며, IPCC* 제5차 평가보고서(2015)에 따르면 전 세계 온실가스 배출량이 매해 급격하게 상승하여 1970년부터 2011년까지 40여 년간 배출한 누적 온실가스가 1970년 이전 220년 동안의 누적 배출량과 비슷하다.

인간 활동, 특히 공장이나 가정에서의 석탄, 석유, 가스 등의 화석연료 연소와 생물체의 연소 등은 대기 구성 성분에 영향을 주는 온실가스와 에어로졸을

---

* 기후 변화에 관한 정부 간 협의체(Intergovernmental Panel on Climate Change, 약칭 IPCC)은 국제 연합의 전문 기관인 세계 기상 기구(WMO)와 국제 연합 환경 계획(UNEP)에 의해 1988년 설립된 조직으로, 인간 활동에 대한 기후 변화의 위험을 평가하는 것이 임무이다.

생산하여 온실가스를 증가시키고 대기 중 에어로졸에 의해 태양 복사에너지 반사와 구름의 산란 효과에 의한 지구 냉각화를 일으키고 있다. 또한 프레온 가스 및 기타 불소 화합물 등의 방출은 성층권의 오존층을 감소시키며, 도시화와 무리한 도시 개발이나 산림 채취 등으로 인한 토지 이용의 변화는 지구 표면의 물리적, 생물학적 특성에 영향을 주었다. '지구의 허파'로 불리는 아마존 지역을 비롯하여, 무분별한 산림 벌목으로 인해 산림의 온실가스 흡수가 줄어들고 있다. 쓰레기가 분해되는 과정에서 이산화탄소보다 톤당 온실효과가 21배 강력한 메탄이 다량 발생된다.

탄소는 우주에서 가장 풍부한 원소 중 하나로 생명체, 육지, 바다, 대기 및 지구 내부에서 끊임없이 순환하고 있다. 그러나 산업화 이후 인류는 지난 3만 년 동안 땅속에 매립되어 있던 석탄층을 사용하기 시작했고, 기후를 인위적으로 변화시키고 있다. 지난 1만 년 간 지구의 기온 상승은 1℃에 불과하지만 현 추세로는 2100년까지 3℃ 상승이 예상되며, 이로 인해 생태계와 자연에 큰 영향을 초래할 것이라고 많은 전문가들은 예측하고 있다. 인류가 인위적으로 지구의 기온을 상승시켰으니 이제는 인위적인 노력으로 기온 상승을 억제해야 할 때이다.

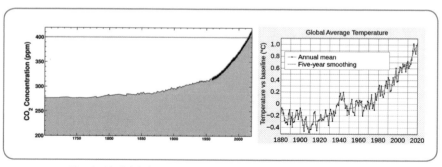

<그림> 연도별 이산화탄소 농도 추이와 연간 지구온도 추이 (출처: 미국 해양 대기청)

지구의 평균 온도는 약 15℃다. 과거에는 이보다 훨씬 높거나 낮았다. 기후에는 자연적인 변동이 있다. 하지만 과학자들은 현재 기온이 다른 때보다 빠르게 상승하고 있다고 말한다. 이런 지구의 평균 온도의 상승은 온실 효과와 관련이 있다. 온실 효과는 지구의 대기가 태양 에너지를 가둬 빠져나가지 못하게 하는 현상이다. 과학자들은 인류가 자연적인 온실 효과를 증폭하고 있다고 생각한다. 온난화에 큰 영향을 미치는 온실가스는 수증기 형태로 대기권에 머칠 있다가 사라진다. 하지만 이산화탄소는 다르다.

이산화탄소는 대기권에 오랫동안 남아 지구 온난화를 가속화시킨다. 세계기상기구(WMO)에 따르면, 세계는 산업화가 확산되기 이전보다 1℃ 정도 더 따뜻해졌다. 이로 인해 전 세계는 2005년과 2015년 사이에 평균 해수면은 해마다 3.6mm씩 상승했다. 물은 뜨거워질수록 부피가 커지기 때문이다. 기후 변화의 영향으로 초목과 육상 동물에 나타나고 있다. 식물은 이른 시기에 꽃을 피우고 있으며 열매를 맺고 있다. 동물은 서식 영역의 변화가 생기고 있다. 세계기상기구는 지금의 온난화 추세가 계속된다면, 이번 세기말에는 3~5℃ 정도 상승할 수 있다고 말하고 있다. 과학자들은 인류가 온실가스 배출을 극적으로 줄이더라도, 그 여파가 쉽게 사라지지 않을 것이라고 말한다. 물과 빙하가 온도 변화에 반응하려면, 수백 년이 걸릴 수 있기 때문이다. 대기에 있는 이산화탄소를 제거하려면 수십 년이 걸릴 수 있다. 기후변화는 우리 생활에 어떤 영향을 끼칠 것인가? 홍수·폭풍·폭염으로 사망자가 늘어날 수 있다.

세계가 따뜻해지면, 더 많은 물이 증발하고 그로 인해 공기 중에 더 많은 수증기가 생긴다. 여러 지역에서 강우량이 늘고, 어떤 곳에서는 눈이 더 많이 내린다. 혹서기에 내륙 지역에서 가뭄의 위험도 늘어날 것이다. 폭풍과 해수면 상승으로 홍수도 더 잦아질 수 있다. 이는 지역적으로 크게 달라질 가능성이 있다. 급속한 변화에 대처할 능력이 부족한 빈곤 국가들이 더 큰 피해를 볼 수 있다. 식물이나 동물의 멸종도 생겨날 것으로 보인다. 세계보건기구는 말라리아, 수인성 질환, 영양실조의 증가로 수백만 명의 건강이 위협받을 수 있다고 경고한다. 더 많은 이산화탄소가 대기로 방출하면 해양에 흡수된 양도 늘어난다. 물은 더욱 산성화되고, 산호초에 큰 문제가 생길 수 있다. 기후 변화가 인류가 직면한 가장 큰 위기인 셈이다.

기후변화협약

기후 변화에 관한 유엔 기본 협약(United Nations Framework Convention on Climate Change, 약칭 유엔기후변화협약 혹은 기후변화협약 혹은 UNFCCC 혹은 FCCC)은 온실 기체에 의해 벌어지는 지구 온난화를 줄이기 위한 국제협약이다. 기후변화 협약은 1992년 브라질 리우데자네이루에서 열렸다. 기후변화협약은 선진국들이 이산화탄소를 비롯한 각종 온실 기체의 방출을 제한하고 지구 온난화를 막는 게 주요 목적이었다.

본 협약 자체는 각국의 온실 가스 배출에 대한 어떤 제약을 가하거나 강제성을 띠고 있지는 않다는 점에서 법적 구속력은 없다. 대신 협약은 시행령에 해당하는 의정서(protocol)을 통해 의무적인 배출량 제한을 규정하고 있다. 이에 대한 주요 내용을 정의한 것이 교토 의정서인데, 지금은 UNFCCC보다도 널리 알려져 있다.

기후 변화, 어떻게 교육할 것인가?

기후 변화에 대응하고자 세계 각국은 교토 의정서에 따라 온실가스 배출을 차등 감축해 왔고, 우리나라도 환경부를 중심으로 기후 변화의 심각성과 긴급성을 알리고 저탄소 생활을 유도하는 정책을 추진해 왔다. 에너지 관리공단에서는 기후 변화 내용을 포함한 에너지 환경교육을 위한 교재를 발간하였다. 녹색연합 등 여러 환경단체에서도 단기적인 기후 변화 교육프로그램을 운영하고 있다. 그러나 학교 교육에서는 기후 변화에 대한 일반적인 이해와 그에 대한 대응을 위한 교육은 부족한 실정이다.

학교에서 기후 변화에 대한 교육을 어떤 방식으로 진행할 것인가? 최근 전 지구적인 환경 문제로 떠오른 기후 변화 현상의 원인과 영향, 대응 방안과 개인 및 지역사회의 역할을 알아보는 활동을 할 수 있다. 기후 변화 교육은 단순히 교과별 학습에만 머물러서는 안 되며, 다양한 교과를 통합하여 활동을 통해 실천할 수 있는 프로그램을 개발하여 운영하여야 한다.

학교에서 활용할 수 있는 기후 변화에 대한 교육 자료를 제공하는 곳이 있을까? 한국기후·환경 네트워크(https://www.kcen.kr)에는 민·관 협력을 통해 비산업 부문의 온실가스 감축을 위한 거버넌스 기구로서 공공, 기관, 기업, 민간단

체 등 57개 단체가 참여하고 있으며, 지자체, 지역단체를 중심으로 전국 245개 지역네트워크가 구성되어 있다. 이곳 홈페이지에서 운영하는 E-기후변화교육센터(https://educenter.kcen.kr:8443)에서는 기후변화교육 온라인 학습관을 운영하고 있으며, 전국의 기후 변화 주요 체험장을 안내하고 있다. 만화(웹툰)로 배우는 기후 행동(어떤 나무가 온실가스를 더 잘 흡수할까? 등)을 통해 학생들이 기후 변화의 다양한 주제들을 만화로 만나면서 자연스럽게 학습할 수 있다.

기후 변화 활동

🍁 활동 가이드

기후 변화란?

1. 기후 변화 과학 영상(기상청 제작) 시청하고 기후 변화에 대해 알아보기
2. 기후 변화란 무엇일까?
3. 만화(웹툰)로 배우는 기후 행동 보고 소감 나누기

나의 탄소 발자국 기록장

1. 온실 가스 1인 1톤 줄이기! 나의 탄소 발자국 기록장(온라인)
2. 기후 변화를 줄이기 위해 우리가 할 수 있는 일들에는 어떤 것이 있을까?

태양열을 이용한 조리기 만들기

기후 변화 포스터 만들어 캠페인 하기

기후 변화 수업 후 소감 나누기

활동 내용

기후 변화란?

🌍 1. 기후 변화 과학 영상(기상청 제작) 시청하고 기후 변화에 대해 알아보기

출처 : 기상청

🌍 2. 기후 변화란 무엇일까?

① 일정 지역에서 오랜 기간에 걸쳐서 진행되는 기상의 변화이다. (출처: 국어사전)

② 기후가 시간이 지나면서 점차 변화하는 것을 말한다. 기후 변화는 지구의 평균기온이 변하는 현상이다. (출처: 지식백과)

만화(웹툰)으로 배우는 기후 행동

출처 : 기후변화 교육센터

🌍 1. 온실가스 1인 1톤 줄이기! 나의 탄소 발자국 기록장(온라인)

① 탄소 발자국 기록장 가입하기: https://url.kr/i32vy4

② 실천 서약 (최초 1회), 주간 일기장 (주1회), 월간 점검 (월1회) 작성하기

출처 : 한국 기후·환경 네트워크

③ 탄소 발자국 기록장 작성하기(온라인)

🌍 2. 기후 변화를 줄이기 위해 우리가 할 수 있는 일들에는 어떤 것이 있을까?

기후 변화를 줄이기 위해 우리가 할 수 있는 것들을 알아 본다.

태양열 조리기 만들기 ※ 재활용 재료로 만들기

준비물 크기가 다른 상자 두개, 검은색 종이(또는 먹지), 은박지, 단열재(스티로폼), 비닐, 셀로판테이프, 실, 가위, 검은색 그릇, 마시멜로(또는 초콜릿), 검은색 그릇, 칼, 온도계

＊만드는 순서

① 크기가 다른 상자 두 개의 윗면과 앞면을 잘라내고, 각 상자의 안쪽 면에는 은박지를, 작은 상자의 바깥 면에는 검은색 종이를 붙인다.

② 두 상자를 겹친 다음, 그 사이에 단열재(스티로폼)를 넣는다.

③ ①번에서 잘라낸 윗면과 앞면의 가장자리를 1.5cm정도 남기고 잘라낸 다음, 겹친 상자의 윗면과 앞면에 붙인다.

④ 상자 앞면의 뚫린 부분은 비닐로 막아주고, 윗면에는 비닐로 만든 덮개를 붙인다.

⑤ 큰 상자의 윗면을 덮을 수 있는 크기의 판의 한쪽에 은박지를 붙여 반사판을 만든 후 상자에 붙인다.

⑥ 반사판의 뒷면에 셀로판테이프로 실을 매달아 반사판의 각도를 조정한다.

⑦ 검은색 그릇에 마시멜로(또는 초콜릿)를 넣어 조리기 안에 넣는다.

⑧ 태양빛이 잘 비치는 곳에 조리기를 놓고, 마시멜로(또는 초콜릿) 녹는 시간과 온도를 측정한다.

※ 반사판의 각도를 잘 조절하면 온도를 더 빠르게 높일 수 있다.

기후 변화 포스터 만들어 캠페인 하기

준비물 8절지, 색연필 또는 포스터 물감, 물통, 팔레트, 붓, 물

① 기후 변화의 위험성을 알리는 주제로 포스터를 만든다.
② 만든 포스터를 복도 또는 학교 등굣길에 전시하고 캠페인을 벌인다.
③ 캠페인 활동 후 소감을 나눈다.

기후 변화 수업 후 소감 나누기

산

맑은공기 푸른 잎파리
보면볼수록 기분이 좋아 진다

정상에 오르면
더욱 맑은 공기

마치 무언가 해냈다!
라는 자신감

산은 우리에게
많은걸 베풀어 준다~

직박구리

삐익 삑 직박구리가
편지를 보낸다

삐익 삑
지구가 아파하고 있어

삐익 삑
쓰레기 버리지 마

삐익 삑
바다가 아파하고 있어

삐익 삑
부탁이야 그만 해줘

지구가 아파요

안녕 난 지구야

인간들이 지구 나한테 쓰레기를
버리고 또 버려

그래서 나한테도 쓰레기가
쌓이고 있어

인간들이 버리는 쓰레기
때문에 난 자꾸 아파

제발 나 좀 도와줘

도롱뇽

하늘에 고요히 찾아오면
돌아오던 도롱뇽

숲이 숨을 쉬면
돌아오겠지?

하늘이 반짝이면
돌아오겠지?

밤공기 서늘해지면
돌아오겠지?

바위를 들추면
다시 보이겠지?

생태환경 시화집에 실린 학생 작품

PART 5

생태환경
지킴이가 되어
세상 밖으로!

1. 생태환경을 이야기하는 시인이 되어 보자

생태환경 시화집 출판이 갖는 교육적 의미

최근 시와 사진 혹은 생태환경 시와 그림, 시와 음악을 결합한 낭송시 등의 형태가 독자들에게 인기가 있다. 특히 시와 그림의 결합, 즉 시에 걸맞는 그림이 배경으로 구성된 시화집을 제작하고, 시의 분위기에 맞게 낭송하는 시 낭송회, 출판된 시화집을 독자들을 위해서 온라인이나 오프라인으로 시화전을 여는 활동은 독자에게 큰 관심을 일으키고, 이 활동의 주인공인 학생들에게 지금까지 느껴보지 못한 만족감과 성취감을 맛보게 한다. 우리는 시의 주제를 생태환경에서 가지고 와서 접목시켜 생태환경 시화집을 창작하고 출판하여 시 낭송회 및 시화전을 여는 수업을 계획하였다. 이 수업은 많은 사람들로 부터 관심과 주목을 받았다.

생태환경 시화집 출판하기 활동은 학생들이 다양한 생태환경 프로젝트 활동을 한 다음에 그 활동을 통해 배우고 느낀 점을 자신만의 언어로 표현하여 독자에게 생태환경 보호의 메시지를 전달하고자 하는 데 목적이 있다. 이렇게 학생들은 자신의 개성을 최대한 발휘하여 시화집을 출판하는 과정을 경험함으로써 공감 능력과 창의력, 비판적 사고력을 기를 수 있다.

[교과과정에서 연계 지도할 수 있는 생태환경 시화집_부록]

시화집은 어떤 과정을 거쳐 출판될까?

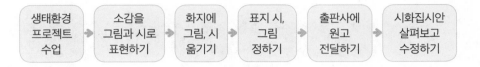

① 생태환경 프로젝트 수업 : 다양한 생태환경 프로젝트 활동을 경험한다.

② 소감 그림, 시로 표현하기 : 각 활동을 다녀온 후 소감을 조각 그림과 시로 표현한다.

③ 화지에 그림, 시 옮기기 : 밝은색이고 약간 두꺼운 종이 질인 화지에 시와 그림을 옮긴다. 이때 오탈자가 나오지 않도록 하며 그림이나 시는 화지 전체 화면에서 표현한다.

④ 표지 시, 그림 정하기 : 자신의 창작 시 중, 대표 시와 그림을 한 작품 선정하여 표지로 정한다.

⑤ 출판사에 원고 전달하기 : 출판사에 원고를 전달한다. 원고는 화지 형태로 제공된다. 때로는 화지를 스캔한 파일 형태로 전달해야 할 경우도 있다.

⑥ 시화집 시안 살펴보고 수정하기 : 출판사에서 시안을 제공해 주면 그 주소로 들어가서 자신의 작품이 출판되기 전 시안을 살펴볼 수 있다. 불필요한 내용이 들어가거나 수정해야 할 부분이 있으면 이때 수정해야 한다.

생태환경 시화집 만들기 활동

🍀 활동 가이드

> **생태환경 프로젝트 수업에 참여하기**

> **생태환경 시화집 만들기**
>
> 1. 생태환경 프로젝트 수업에 대한 소감을 그림, 시로 표현하기
> 2. 화지에 그림, 시 옮기기
> 3. 표지 시, 그림 정하기

> **생태환경 시화집 출판하기**
>
> 1. 출판사에 원고 전달하기
> 2. 시화집 시안 살펴보고 수정하기

🍁 활동 내용

생태환경 프로젝트 수업에 참여하기

개화산아 놀자
생태 탐사 활동

개화산의
생물 자석 만들기

생태환경
시 낭송회 수업

① 개화산아 놀자 생태 탐사 활동, 개화산 생물 자석 만들기, 생태환경 시 낭송회 등 다양한 생태환경 프로젝트 수업에 참여한다.

② 생태환경 프로젝트 수업에 참여한 후, 소감을 시와 조각 그림으로 표현한다. (활동지 활용)

1. 생태환경 프로젝트 수업에 대한 소감을 그림, 시로 표현하기

마니쌤의 생태환경 이야기

생태환경 시화집 만들기

_____ 학교 학년 반 번 이름:_____

무엇을 시로 쓰나요?	어떻게 시로 쓰나요?
1. 무엇을 보고 나서 참 좋다, 아름답다고 생각하여 마음의 끌린 것을 시로 표현해 보세요. 2. '참 그렇지' 하고 깨달은 것을 시로 표현해 보세요. 3. 참다 참다 그래도 참을 수 없는 말(고민)을 시로 표현해 보세요. 4. 친구들에게 감동(공감)을 주는 생각을 시로 표현해 보세요. 5. 일상적인 것을 생생하게 표현한 것을 시로 표현해 보세요. 6. 어떤 일을 겪고 나서 절실하게 느낀 것을 표현해 보세요.	1. 비유적 표현하기 식물이나 동물 또는 사물을 사람처럼 비유해서 표현해 보세요 이슬이 코스모스 잎사귀에 두 줄로 매달려 있다가 손가락으로 건드리니 낭낭낭 떨며 흙같이 파삭 깨졌어요 〈이슬〉 나뭇가지야 엄청 길면서도 말랐구나 엄마 곁에 없어 쓸쓸해 보여 구불구불한 나뭇가지 이제 늙었구나 〈나뭇가지〉
2. 노래처럼 리듬감이 느껴지도록 표현하기 - 같은 소리나 단어, 문장을 반복해 본다 - 일정한 글자 수를 반복해 본다	축구공이 이리 딩굴 저리 딩굴 굴러간다. 야! 어지러워! 너무 어지러워 기절한다 〈축구공〉 비가 오면 웅덩이가 생긴다 빗방울이 떨어지면 파도가 친다 그 파도가 퍼져서 큰 원이 된다 〈웅덩이〉

마니쌤의 생태환경 이야기	
제목:	그림으로 표현해 보아요
제목:	그림으로 표현해 보아요

제목: 장마	그림으로 표현해 보아요
촉촉 주룩주룩 내린다 토도독 토도독 막 치는 빗방울 철썩철썩 물먹는 식물들 그렇게 빗소리는 토닥토닥 비를 그치다	

제목: 지구 일기	그림으로 표현해 보아요
편리하고 사용하기 쉬운 일회용품 하지만 일회용 때매 힘겨운 지구는 플라스틱 빨대 대신 종이빨대를 종이 대신 손수건 나 하나의 편리함 대신 지구를 위해	

생태환경 시화집 만들기 활동지

활동지를 제작하여 학생들에게 미리 배부하고 각 활동이 끝날 때마다 느낀 점을 시와 조각그림으로 그리는 작업을 하게 한다.

화지에 표현한 작품 <맹꽁이>

① 시와 그림을 서로 연관성 있게 표현하고, 글씨는 크고 또박또박 쓴다.

② 화지의 상하좌우 가장자리가 1cm씩 잘리므로 여백을 준다.

③ 선명한 원색을 사용하여 채색한다. (형광펜 사용 불가)

④ 시와 그림을 배치한다.(시는 오른쪽, 그림은 왼쪽 또는 그림을 전체로 배치하고 시를 오른쪽에 배치해도 된다.)

⑤ 시와 그림을 그리는 도구(붓펜, 색연필, 사인펜, 볼펜, 매직, 물감, 파스텔 등)는 다양하게 사용 가능하다.

⑥ 종이가 구겨지거나 얼룩이 묻지 않게 주의한다.

시화집 표지 <새소리>

시화집 표지 <소금쟁이>

① 자신의 시화집에서 가장 대표되는 작품을 표지 시와 그림으로 정한다.

② 표지 작품은 그림은 전체 적용되지만 시는 전체를 표현할 수도 있고, 시가 여러 연으로 구성될 경우 일부만 발췌해서 실을 수 있다.

③ 표지 화면은 책의 전체적인 분위기와 성격을 나타내므로 화사하고 밝은 톤을 사용한 그림을 선정하는 것이 좋다.

1. 출판사에 원고 전달하기

화지에 표현한 시화 작품집

① 시화집 원고는 인쇄되는 순서대로 표지(그림, 글)부터 마지막 작품까지 순서 대로 엮어 좌측 상단에 집게로 철해서 보낸다.

② 시화집 원고를 모두 스캔 작업해서 보내 달라고 하는 경우가 있을 수 있다. 이런 경우 학생 작품을 복사기에 넣고 차례대로 스캔한 다음, 출판사에 제 출한다(출판사 담당자와 출판물 원본을 제공하는 방식을 사전에 확인한 후 보낸다).

③ 시화집 원고는 선생님이 다시 잘 받아 보관하는 것이 좋다.

마니쌤의 생태환경 이야기

1	이름		이**(8번)
2	책 제목		쓰레기는 왜 많을까?
3	편집 시 요청사항		모든 페이지에 불필요한 가로선이 있다.(재 스캔 후 적용)
4	프로필		처음 만들어보는 시화집에 대한 기대가 크다.
5	수정 사항	1p	쓰레기는 왜 많을까? 우리 사람들은 쓰레기를 막 버릴까? 다른 사람들은 쓰레기를 버려 지구를 아프게 만들까?

1	이름		
2	책 제목		
3	편집 시 요청사항		
4	프로필		
5	수정 사항		

수정 사항 출판사에 요청 양식

카카오톡과 같은 SNS를 통해 출판 전 학생 시화집 시안이 도착하면 꼼꼼히 살펴보고 위와 같이 수정 사항을 기록하여 출판사에 전달한다.

2. 생태환경을 이야기하는 동화책을 써 보자

동화를 활용한 환경교육은 초등학생들에게 흥미와 재미를 주어 자연스럽게 도입할 수 있어 좋다. 동화를 환경교육에 도입하는 것은 학생들의 감성을 키우고 환경에 대한 긍정적 태도와 지식을 전달하는 효과가 있다. 환경 동화는 환경 문제를 다루면서 동화 형식으로 이루어진 모든 종류의 책을 의미한다. 이는 환경 오염(미세먼지·공기·물·해양·토양 등), 에너지, 재활용, 동물 보호와 관련된 내용을 동화에 담고 있기 때문에 학생들의 흥미와 호기심을 자극하기에 충분하다. 또한 생태 그림 동화는 생태에 관한 내용을 담은 것으로 그림과 글이 적절히 조화를 이루어 이야기를 시각적 이미지로 표현해내는 동화책이다. 동식물의 삶 자체를 기술한 동화로 동식물들이 살아가는 본능, 습성, 생활사를 담고 있다.

생태 동화책을 만들기 전에 생태 동화책을 읽어 주기 활동을 적극 추천한다. 책 읽어주기 활동은 저학년의 경우 부모나 교사가 읽어 줄 수도 있고, 고학년 형이나 언니들이 저학년 학생들에게 읽어 줄 수도 있다. 책 읽어 주기 활동은 책을 읽어 주는 사람이 듣는 독자에게 소리 내어 읽어 주는 것으로, 문자의 소리와 의미를 동시에 전달하는 읽기 활동이다. 가정에서는 편안한 소파에 앉아서 부모가 자녀에게 책을 읽어 주고, 학교에서는 학생들이 편안한 자세로 앉은 상태에서 교사가 이야기를 들려 주면 좋다. 물론 야외 학습장이 있다면 야외 학습장에서 이야기를 들려 주면 그 효과는 배가 될 것이다.

책 읽어 주기 활동이 끝나고 하는 활동 역시 중요하다. 책 읽어 주기 활동이 끝나면 교사나 부모님이 자녀나 학생들에게 책을 읽고 난 소감을 직접 이야기할 수 있는 기회를 주는 것이 좋다. 이어서 교사나 부모님의 소감도 함께 이야기하면 다른 사람이 같은 책을 읽고 난 소감을 들음으로써 자녀나 학생들은 색다른 경험을 하게 된다. 또한 자신이 주인공이었다면 또는 생태 동화책 속의 식물이나 동물이었다면 어떠했을 지에 대한 생각을 서로 나누는 것도 읽기후 활동으로 추천한다. 고학년의 경우 책의 내용과 생태환경 보호의 방법을 찾아 보는 내용까지 확장해서 나아간다면 더 큰 교육 효과가 있을 것이다.

[교과과정에서 연계 지도할 수 있는 생태환경 동화책_부록]

생태환경 동화책 출판이 갖는 교육적 의미

1. 생태환경 동화책 만들기 활동은 종합적인 사고력 신장에 도움이 된다.

생태환경 동화책 만들기의 주제는 생태환경이며 국어·미술·사회·실과·체육·수학 등 다양한 과목과 연계되어 있다. 생태환경 동화책을 만드는 활동은 글짓기·그리기·디자인하기·만들기 등의 종합적인 사고력이 요구되는 활동이다.

학생들은 책의 주제에 어울리는 자료를 수집한 후 자신에게 맞는 형태로 자료를 분석하고 계획하여 이야기와 그림으로 표현하게 된다. 이러한 과정이야말로 학생들의 종합적 사고력을 신장하는 데 큰 도움이 될 것으로 기대된다.

2. 생태환경 동화책 만들기 활동은 창의력을 키워 준다

초등학교 시기는 발달 단계상 상상력과 창의력이 그 어느 시기보다 발달하는 때이다. 동식물의 움직임과 변화에 민감하며 호기심을 가지고 관찰하는 시기이기도 하다. 이런 시기에 학생들이 생태환경 동화책 만들기에 참여하여 자신의 생각과 느낌을 글과 그림으로 표현함으로써 창의력을 발달시킬 수 있다.

창의력은 감수성, 융통성, 유연성, 독창성, 정교성을 내포하고 있다. 어린이들이 책을 만드는 과정에서 시각적 감각이 활성화되면서 상상력을 자극하여 더 훌륭한 문학 작품을 만들 것으로 기대된다.

3. 생태환경 동화책 만들기 활동은 지적 성장을 돕는다

생태환경 동화책을 만들기 위해 미리 다양한 동화책을 읽고, 자신의 삶과 연관 지어 비판적으로 생각해 보는 등, 책을 만들어 가는 과정에서 필요한 체계와 구성을 위한 지적 사고 작용이 학생들의 인지능력을 개발시키는 데 큰 영향을 끼칠 것으로 기대된다.

4. 생태환경 동화책 만들기 활동은 문제 해결 능력을 길러 준다

학생들이 살아가는 현재뿐 아니라, 미래 사회도 다양한 인문 사회적 현상과 자연 현상의 문제가 함께 발생하고 서로 충돌하기도 할 것이다. 이러한 문제를 단편적인 지식으로 해결하려고 할 때 또 다른 문제를 야기하기 쉽다. 그래서 이러한 문제를 해결하기 위해 학생들에게 필요한 것은 종합적인 사고력이다. 다양한 분야의 문제에 대한 정확한 진단력, 그리고 해석력과 분석력이 필요하며 이를 종합하고 적용하는 능력, 또한 필요하다. 생태환경 동화책을 만드는 활동이 이러한 종합적인 사고 능력을 활용하여 문제를 해결하는 데 도움이 될 것이다.

5. 생태환경 동화책 만들기 활동은 자존감과 성취감을 길러 준다

한 권의 생태환경 동화책을 출판하는 과정은 결코 단순하지 않으며, 종합 예술이라 할 수 있다. 책을 만들기 위해서는 어떤 책을 만들지, 어떤 내용으로 꾸밀지, 디자인은 어떻게 설계할지, 이야기의 스토리 보드는 어떻게 구성할지, 이야기와 어울리는 그림은 어떻게 표현할지, 출판은 어떻게 할지 등의 다양한 과정을 거쳐야 한다. 그리고 이 모든 과정을 거쳐 한 권의 생태환경 동화책이 완성된다. 이러한 생태환경 동화책을 만들고 나면 필자의 경험상, 학생들은 큰 성취감을 맛볼 수 있었으며 자존감 또한 높아졌다.

생태환경 동화책은 어떤 과정을 거쳐 출판될까?

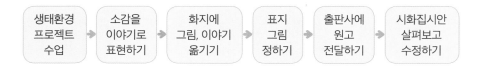

① 생태환경 프로젝트 수업: 다양한 생태환경 프로젝트 활동을 경험한다.

② 소감을 그림, 이야기로 표현하기 : 각 활동을 다녀온 후의 소감을 조각 그림과 이야기로 표현한다.

③ 화지에 그림, 이야기 옮기기 : 밝은색이고 약간 두꺼운 종이 질인 화지에 이야기와 그림을 옮긴다. 이때, 오탈자가 나오지 않도록 하며 그림이나 이야기는 화지 전체 화면에서 표현한다.

④ 표지 그림 정하기 : 자신의 창작 그림 중 한 작품을 선정하여 표지로 정한다.

⑤ 출판사에 원고 전달하기 : 출판사에 원고를 전달한다. 원고는 화지 형태로 제공된다. 때로는 화지를 스캔한 파일 형태로 전달해야 할 경우도 있다.

⑥ 동화책 시안 살펴보고 수정하기 : 출판사에서 시안을 제공하면 그 주소로 들어가서 자신의 작품이 출판되기 전 시안을 살펴볼 수 있다. 불필요한 내용이 들어가거나 수정해야 할 부분이 있으면 이때 수정해야 한다.

생태환경 동화책 만들기 활동

🍁 활동 가이드

생태환경 프로젝트 수업에 참여하기

생태환경 동화책 만들기

1. 생태환경 프로젝트 수업에 대한 소감을 이야기와 그림으로 표현하기
2. 화지에 이야기와 그림 옮기기
3. 표지 그림 정하기

생태환경 동화책 출판하기

1. 출판사에 원고 전달하기
2. 동화책 시안 살펴보고 수정하기

생태환경 동화책 전시회 하기

🍁 활동 내용

생태환경 프로젝트 수업에 참여하기

강서 생태습지 탐사 활동

개화산 생태 탐사 활동

① 우리 마을의 조류 생태를 탐사한 강서 생태습지 탐사 활동, 우리 마을 산에 사는 개구리와 도롱뇽의 생태를 탐사한 개화산 생태 탐사 활동 등 다양한 생태환경 프로젝트 수업에 참여한다.

② 생태환경 프로젝트 수업에 참여한 후, 소감을 이야기와 그림으로 표현한다.(활동지 활용)

생태환경 동화책 만들기

1. 생태환경 프로젝트 수업에 대한 소감을 이야기와 그림으로 표현하기

생태환경 그림 동화책 만들기

_____학교 _____학년 ___반 ___번 이름:_____

그림 동화책은 어떻게 쓰나요?

1. 주제는?
여러분들이 학급이나 개화산 등에서 한 다양한 생태환경수업에서 느낀점을 이야기로 엮어서 쓰면 됩니다.

2. 그림 동화란?
어린이를 위하여 동심(童心)을 바탕으로 지은 이야기입니다. 여러분들이 친구들을 위해서 그림을 곁들인 예쁜 동화책을 만들어 보세요.

3. 분량은 어느 정도 하나요?
그림10쪽, 줄글 10쪽 정도 구성하면 됩니다.

4. 구성은 어떻게 하나요?
선생님께서 나눠주신 화지(색지)에 그림과 이야기를 기록합니다.
왼쪽에는 이야기를, 오른쪽에는 그림을 넣습니다.

무당벌레 가족들의 위험한 소풍

〈작년에 여러분들의 선배들이 만든 생태동화책〉

1. 나도 동화책의 지은이가 될 수 있을까? 네, 충분히 가능합니다. 누구나 작가가 될 수 있습니다.

2. 동화책 출판 과정이 궁금합니다. 먼저 여러분이 동화책을 위한 스토리보드(조안)를 이 활동지에 작성하고, 선생님께 보여드리면 선생님께서 여러분께 도움의 말씀을 해주실 거에요. 그 다음에 선생님께서 나눠주시는 화지(색지)에 여러분들의 스토리보드(조안)를 보고 옮겨 적습니다. 여기서부터는 여러분이 가능한 실수 없이 잘 할 수 있도록 합니다. 이 작품이 바로 출판사로 전달되어 동화책으로 나오게 됩니다. 마지막 단계에서 여러분의 표지를 선정하고, 여러분의 작품을 모아서 출판사에 보내면 멋진 여러분만의 동화책이 완성됩니다. 기대되지 않으요? 나만의 동화책을 직접 만들 수 있다는 것이요. 여러분의 멋진 생태환경 동화책을 만들어봐요.

활동지를 제작하여 학생들에게 미리 배부하고 각 활동이 끝날 때마다 느낀 점을 이야기와 그림으로 그리는 작업을 하게 한다.

🌏 2. 화지에 이야기와 그림 옮기기

화지에 이야기와 그림 옮기기

① 이야기와 그림을 서로 연관성 있게 표현하고, 글씨는 크고 또박또박 쓴다.

② 화지의 상하좌우 가장자리가 1cm씩 잘리므로 여백을 준다.

③ 선명한 원색을 사용하여 채색한다.(형광펜 사용 불가)

④ 이야기와 그림을 배치한다.(이야기는 오른쪽, 그림은 왼쪽 또는 그림을 전체로 배치하고 이야기를 오른쪽에 배치해도 된다)

⑤ 이야기와 그림을 그리는 도구(붓펜, 색연필, 사인펜, 볼펜, 매직, 물감, 파스텔 등)는 다양하게 사용 가능하다.

⑥ 종이가 구겨지거나 얼룩이 묻지 않게 주의한다.

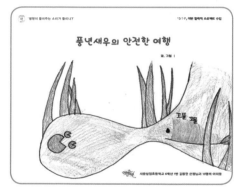

시화집 표지 장면

① 자신의 동화책에서 가장 대표되는 작품을 표지 그림으로 정한다.

② 동화책에서의 표지에는 대표 그림을 배치하고, 제목을 적당한 크기로 표현한다.

③ 표지 화면은 책의 전체적인 분위기와 성격을 나타내므로 화사하고 밝은 톤을 사용한 그림을 선정하는 것이 좋다.

생태환경 동화책 출판하기

🌏 1. 동화책 원고 출판사에 전달하기

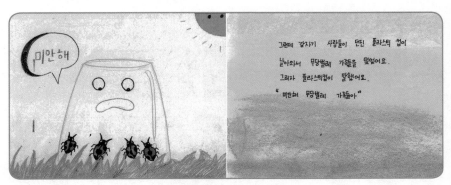

화지에 표현한 작품

① 동화책 원고는 인쇄되는 순서대로 표지(그림, 글)부터 마지막 작품까지
　순서대로 엮어서 좌측 상단에 집게로 철해서 보낸다.
② 동화책 원고를 모두 스캔 작업해서 보내달라고 하는 경우가 있을 수 있다.
　이런 경우 학생 작품을 복사기에 넣고 차례대로 스캔한 다음 출판사에
　제출한다. (출판사 담당자와 출판물 원본을 제공하는 방식을 사전에 확인한 후 보낸다)
③ 동화책 원고는 선생님이 다시 잘 받아 보관하는 것이 좋다.

카카오톡과 같은 SNS를 통해 출판 전 학생 시화집 시안이 도착하면 꼼꼼히 살펴보고 위와 같이 수정사항을 기록하여 출판사에 전달한다.

생태환경 동화책 전시회 하기

① 생태환경 동화책 전시회는 학교 교실이나 마을회관을 활용하여 학생, 교사, 학부모가 참여하여 학생들의 작품을 감상하고 피드백을 해주는 형식으로 운영하면 좋다.

② 학교에서는 학생들이 직접 전시회를 구상하고 계획하여 보는 것도 좋다. 친구나 동생들을 초대해서 자신의 작품을 설명해 주는 과정을 통해 학생들은 자존감을 높일 수 있다.

③ 동화책 전시회는 오프라인으로만 할 수 있는 것이 아니다. 코로나19와 같은 상황에서는 방역지침을 지키기 위하여 온라인으로도 충분히 가능하다. 그 방법은 이 채널의 블렌디드 수업 중 패들렛을 활용한 온라인 전시회에서 구체적으로 다룬다.

3. 생태환경을 이야기하는 만화를 그려 보자

생태환경 만화책 출판이 갖는 교육적 의미

화지에 표현한 6컷 생태환경 만화

　초등학생들은 만화를 좋아한다. 자유로운 표현 양식으로 어떤 매체보다 호소력과 흡수력, 전달력이 크고, 다수의 사람이 즐기고 공감하기에 만화를 생태환경 수업에 활용하면 매우 친근하고 효과적인 방법이 될 것이다.

　생태환경 만화책 출판하기 활동은 학생들이 다양한 생태환경 프로젝트 활동을 한 다음, 그 활동을 통해 배우고 느낀 점을 독창적인 만화로 표현하여 독자에게 생태환경 보호의 메시지를 전달하고자 하는 데 그 목적이 있다. 이렇게 학생들은 자신의 개성을 최대한 발휘하여 만화책을 출판하는 과정을 경험함으로써 공감 능력과 창의력, 비판적 사고력을 기른다.

또한, 만화 그리기를 통해 학생들은 생태환경 프로젝트 수업에서 스스로 얻은 정보와 느낌을 이미지와 텍스트로 표현함으로써 미적 체험을 경험하게 된다. 이는, 과학적 태도와 사고력을 신장시키는데 긍정적인 영향을 미칠 것으로 기대된다.

[교과과정에서 연계 지도할 수 있는 생태환경 만화책 _부록]

생태환경 만화책은 어떤 과정을 거쳐 출판될까?

① 생태환경 프로젝트 수업 : 다양한 생태환경 프로젝트 활동을 경험한다.
② 소감을 그림과 글로 표현하기 : 각 활동을 다녀온 후 소감을 조각 그림과 글로 표현한다.
③ 이야기와 등장인물 만들기 : 대강의 이야기를 만들고, 등장인물을 스케치한다.
④ 6컷 만화 그리기 : 미리 써놓은 줄거리를 보고 6컷 만화를 그린다.
⑤ 작품 설명하기 : 이 작품을 그리게 된 배경과 독자에게 전달하고자 하는 메시지를 남긴다.
⑥ 화지에 그림과 글 옮기기 : 밝고 두꺼운 화지에 그림과 글을 옮긴다.
  이때 오탈자가 나오지 않도록 주의하며 만화를 화지 전체화면에서 표현한다.

⑦ 출판사에 원고 전달하기 : 출판사에 원고를 전달한다. 원고는 화지 형태로 제공된다. 때로는 화지를 스캔한 파일 형태로 전달해야 할 경우도 있다.

⑧ 시화집 시안 살펴보고 수정하기: 출판사에서 시안을 제공해 주면 그 주소로 들어가서 자신의 작품이 출판되기 전 시안을 살펴볼 수 있다. 불필요한 내용이 들어가거나 수정해야 할 부분이 있으면 이때 수정해야 한다.

생태환경 만화책 만들기 활동

✿ 활동 가이드

생태환경 프로젝트 수업에 참여하기

생태환경 만화책 만들기

1. 생태환경 프로젝트 수업에 대한 소감을 작품 제목, 등장 인물, 줄거리로 표현하기
2 화지에 6컷 만화로 옮기기
3. 표지 그림 정하기

생태환경 만화책 전시회 하기

🍁 활동 내용

생태환경 프로젝트 수업에 참여하기

① 푸른 사자 와니니 프로젝트 활동, 갈매기에게 나는 법을 가르쳐준 고양이 프로젝트 활동, 개화산 생태 탐사 활동 등 다양한 생태 환경 프로젝트 수업에 참여한다.

② 생태환경 프로젝트 수업에 참여한 후 소감을 6컷의 만화로 표현한다 (활동지 활용).

개화산 생물 자석 만들기 활동

온책 읽기(화상수업)

1. 생태환경 프로젝트 수업에 대한 소감을 작품 제목, 등장인물, 작품 줄거리로 표현하기

활동지를 제작하여 학생들에게 미리 배부하고, 각 활동이 끝날 때마다 느낀 점을 작품 제목(주제), 등장인물, 작품 줄거리로 표현하게 한다.

작품 제목(#___)	
갈매기에게 난방은 가로처준 갈매기	
등장인물	
갈매기 캥가,	
기름이 쏟아져 나오는 배	
작품 줄거리	

갈매기 캥가가 친구들과 함께 한가로이 물고기를 잡고 있던 때에 갑자기 커다란 배가 다가온다. 그 배에서는 새까만 기름이 쏟아져 나와 푸른 바다를 오염시킨다. 캥가는 날아올라 도망치려고 하지만 온몸에 기름이 들러붙어 날개가 잘 펴지지 않는다. 힘겹게 날아오른 캥가는 떨어지나지않아 떨어져 죽고 만다.

작품 설명

지구온난화로 인하여 빙하가 녹아 부서지는 모습을 다큐멘터리에서 보았다. 산 터전을 잃은 북극곰들이 힘겨워하는 모습을 보고 불쌍하다는 생각이 들었다. 잘못은 사람들이 했는데 왜 동물들이 피해를 입어야 할까? 안타까운 마음에 북극곰들의 이야기를 그려보게 되었다.

2. 화지에 6컷 만화로 옮기기

① 6컷짜리 만화를 주제와 연관성 있게 표현하며, 글씨는 크고 또박또박 쓴다.

② 화지의 상하좌우 가장자리가 1cm씩 잘리므로 여백을 준다.

③ 선명한 원색을 사용하여 채색한다(형광펜 사용 불가)

④ 6컷 만화와 작품 설명을 적절히 배치한다. (6컷 만화는 오른쪽, 해설은 왼쪽에 배치)

⑤ 이야기와 그림을 그리는 도구(붓펜, 색연필, 사인펜, 볼펜, 매직, 물감, 파스텔 등)는 다양하게 사용 가능하다.

⑥ 종이가 구겨지거나 얼룩이 묻지 않게 주의한다.

🌏 3. 표지 그림 정하기

만화책 표지 장면

① 자신의 만화책에서 가장 대표되는 작품을 표지 그림으로 정한다.

② 만화책에서 표지에는 대표 그림을 배치하고, 제목을 적당한 크기로 표현한다.

③ 표지 화면은 책의 전체적인 분위기와 성격을 나타내므로 화사하고 밝은 톤
을 사용한 그림을 선정하는 것이 좋다.

생태환경 만화책 전시회 하기

생태환경 만화책 전시회

① 생태환경 만화책 전시회는 학교 교실이나 마을회관을 활용하여 학생, 교사, 학부모가 참여해서 학생들의 작품을 감상하고 피드백을 해주는 형식으로 운영하면 좋다.

② 학교에서는 학생들이 직접 전시회를 구상하고 계획하여 보는 것도 좋다. 친구나 동생들을 초대해서 자신의 작품을 설명해 주는 과정을 통해 학생들은 자존감이 높아질 수 있다.

③ 만화책 전시회는 오프라인으로만 할 수 있는 것이 아니다. 코로나19와 같은 상황에서는 방역지침을 지키기 위하여 온라인으로도 충분히 가능하다. 그 방법은 이 채널의 블렌디드 수업 중 패들렛을 활용한 온라인 전시회에서 구체적으로 다룬다.

김포 개화산 지구 전투 위령비 (서울시 강서구 개화동로 소재)에서 바라본 하늘

생태환경
교육의
지도 방향

1. 블렌디드 수업을 활용한 생태환경 교육

블렌디드 수업이란?

블렌디드 수업(Blended Learning, 혼합형 학습)은 두 가지 이상의 학습 방법을 결합하여 이루어지는 학습이다. 2010년 미국 교육부에서 실시한 블렌디드 학습의 메타 분석에 따르면 블렌디드 학습이 100% 면대면 혹은 온라인 강의보다 더 효과적인 것으로 나타났다. *

블렌디드 수업은 줌(ZOOM)이나 웹엑스(Webex)를 통한 쌍방향 화상 수업과 교실 수업(대면 수업)을 연계한 수업으로 진행한다.

블렌디드 수업은 화상 수업과 등교 수업의 장점을 살려 디자인한 혁신적 수업 방법의 한 형태이며, 학생 참여식 협력 수업과 과정중심평가를 활용한 수업이다.

블렌디드 수업 어떻게 할 것인가

블렌디드 수업은 화상 수업과 등교 수업의 장점을 잘 활용한 수업으로서 다양한 인터넷 매체와 콘텐츠를 활용해서 만들기, 연극·영화·요리를 활용한 수업 등 학교라는 울타리를 벗어나 가정에서 활동할 수 있는 부분까지 모두 포함한 수업이다.

블렌디드 수업을 하기 전, 수업 설계를 하는 것이 중요하다. 블렌디드 수업

---

* U.S. Department of Education Office on Planning, Evaluation, and Policy Development(2010). Evaluation of Evidence-Based Practices in Online Learning

설계를 위해 고려해야 할 내용들을 아래 표와 같이 체크리스트로 정리하면 도움이 된다.

영역	내용	확인
설계 방향	1. 성취 기준을 중심으로 교육과정을 재구성하였는가?	
	2. 교육과정-과정중심평가가 이루어졌는가?	
	3. 학생참여활동과 협력적 프로젝트의 학습 환경인가?	
	4. 단위 학교/학년/학급의 특색에 맞는 수업인가?	
	5. 화상 수업과 등교 수업의 장점을 적절하게 선택하였는가?	
수업 형태	어떤 수업 형태로 운영할 것인가?	등교 수업, 쌍방향 화상 수업
수업 전 활동	1. 배경지식 탐구(기초 개념 원리) 제공을 어떻게 할 것인가?	▶ 실시간 쌍방향 수업 도구 ▶ 컨텐츠 제공 플렛폼 ▶ 온라인 협업/공유 도구 ▶ 결과물 제작 도구 ▶ 학습꾸러미 제공 ▶ 피드백 도구 ▶ 외부/전문가 연계 ▶ 평가 도구
	2. 관련 정보, 사이트 제공해야 하는가?	
	3. 온라인 도구 사용 안내가 필요한가?	
수업 활동	4. 토의, 토론 활동이 필요한 활동인가?	
	5. 실험, 실습, 제작, 체험 활동이 포함된 활동인가?	
	6. 외부 전문가 연계 활동인가?	
	7. 팀 협업 활동이 필요한 활동인가?	
	8. 공유와 소통이 필요한 활동인가?	

	9. 학습꾸러미(학습 도구, 활동지)를 제공하는가?	
	10. 과정중심평가 및 피드백 방법은 무엇인가?	
	11. 결과물 제작은 어떻게 할 것인가?	
	12. 프로젝트 기간(단기, 장기)은 어느 정도인가?	
	13. 프로젝트 지도 시기는 계절을 고려하였는가?	
발표 및 정리	13. 보충 심화 활동이 필요한가?	
	14. 피드백은 어떻게 제공할 것인가?	
	15. 결과물 발표 방법은 어떻게 할 것인가?	

미래사회에 학생들에게 필요한 역량인 미래인재핵심역량 중 네 가지(4C)는 다음과 같다.

4C란 문제의 규명과 상황의 분석과 평가, 문제해결을 공식화하기 위한 아이디어와 정보를 제공할 수 있는 비판적 사고(Critical Thinking), 지식의 적용과 융합을 통해 문제를 인식하거나 해결하는 과정 등에 있어 혁신적인 새로운 방법들을 상상하고 고안할 수 있는 창의성(Creativity), 다른 사람들에게 지식을 전달하거나 함께 문제를 해결하는 과정에서 매우 주요한 역할을 하는 의사소통(communication)과 협력(Collaboration)을 포함한다.

이 네 가지 미래 인재 핵심 역량은 개화산 생태환경 프로젝트와도 연관성을 가지고 있다. 네 가지 핵심 역량(융합적 지식, 창의성, 의사소통, 배려)을 재구성하여 다음과 같이 정의하였다.

영역	미래 인재 핵심 역량	정의	2015 개정 교육과정 핵심 역량
개 (開)	창의성(창)	틀에 박힌 사고에서 벗어나 기존에 연관성이 없어 보이는 것들을 서로 연결하는 능력	지식 정보 처리 역량
			창의 융합 사고 역량
화 (和)	의사소통(소)	서로 의견을 잘 전달하는 능력	의사 소통 역량
	협력(협)	서로 다른 생각을 가진 학생들이 공동의 목표를 달성하기 위해 머리를 맞대어 문제를 해결하는 능력	심미적 감성 역량
산 (算)	비판적 사고(비)	문제를 인식하고 해결 방안을 도출해 내는 능력	자기 관리 역량
			공동체적 역량

【개 (開)】 Creativity (창의성)

생태환경교육에서 창의성은 학생들이 생활 주변의 생태환경문제를 인식하고 문제와 해결 방법을 여러 가지 아이디어로 제시해 보는 능력이다.

【화 (和)】 Communication (의사소통) & Collaboration (협력)

협력은 서로 다른 생각을 가진 학생들이 공동의 목표를 달성하기 위해 머리를 맞대는 과정이다. 생태환경교육에서 협력은 학생들 각자의 능력보다 모든 학생에게 직면한 생태환경문제에 대한 해결 방법을 공동의 지성으로 함께 찾아 나가는 능력이다.

생태환경문제를 해결해 가는 협력 과정에서 학생들 스스로 활발한 의사 소통을 통해서 자신의 생각을 다른 사람들에게 설득력 있게 전달하는 능력이 필요하다.

【산 (算)】Critical thinking (비판적 사고)

비판적 사고는 학생들 스스로 생태환경 관련 토론 수업에서 자신의 주장을 타당한 근거를 들어 상대에게 말할 수 있는 능력이다. 또한 다른 학생의 주장에 대해서 타당성과 적절성을 판단하면서 주장이 설득력 있는지 판단하면서 듣는 비판적 사고도 동시에 필요하다. 이를 위해서 학생들은 끊임없이 '왜?'라는 질문을 던지는 경험을 하는 것이 중요하다.

아래 표는 블렌디드 수업으로 디자인한 『개화산 생태환경 프로젝트 수업계획』이다.

프로젝트 주제	학년		프로젝트 활동 내용	4C 핵심 역량	관련 성취 기준	활동 터	차시	시기
	5	6						
다 함께 지구를 지켜요		○	지구생태환경 보존의 문제점 찾고 해결 방법 찬반 토론	화:소	[6국03-04]	비대면/ 화상 수업	2	4월
		○	『푸른 사자 와니니』 책을 읽고, 생태환경 낭독극 대본 제작	산:비	[6국05-04]	비대면/ 화상 수업	3	5월
		○	『푸른 사자 와니니』 등장인물 가면, 배경화면 제작	화:협	[6미02-03]	대면/교실	2	6월
		○	『푸른 사자 와니니』 낭독극, 성찰의 시간	개:창	[6국05-04]	대면/연극실	2	7월

		다 함께 지구를 지켜요					
○	○	친환경메이커교육 곤충로봇 제작 (강서 진로체험센터)	산:비	[6실05-06]	비대면/ 화상 수업	2	6월
	○	친환경에너지 창작소, 인간동력발전기 만들기 (에코롱롱)	산:비	[6실03-04]	비대면/ 화상 수업	2	7월
	○	2020년 유난히 긴 장마와 이상 기후, 기후 변화	산:비	[6국03-04]	비대면/ 화상 수업	2	9월
	○	<침묵의 살인자, 미세플라스틱>, 일회용품 줄이기	화:협	[6실03-04]	대면/ 교실	3	10월
○		『동물 복지』와 관련된 주제 탐구하기 '유기견 이야기', '경제 동물의 복지', '동물원의 동물은 행복할까?' 주제로 탐구, 주장하는 글 쓰고 토론하기	산:비	[6실04-03] [6국02-03] [6국03-04]	비대면/ 화상 수업	3	6월
○		『동물복지에 대하여 카드 뉴스』 모둠별로 제작하기	화:협 개:창	[6실04-01] [6국01-04]	대면/교실 비대면/ 화상 수업	4	7월
○		『동물복지에 대하여 카드 뉴스』 카드 뉴스 모둠별 발표하기	화:소	[6국01-05]	비대면/ 화상 수업	1	7월
○	○	나의 지구환경 살리기 실천 챌린지!, 성찰하기	화:협	[6과05-03]	비대면/ 화상 수업	3	11월

<다 함께 지구를 지켜요>프로젝트에서 쌍방향 화상 수업(대면)으로 찬반 토론 및 생태환경 낭독극 대본을 제작하고, 등교 수업 일에 『푸른 사자 와니니』 등장인물 가면, 배경 화면 제작 등을 한다. 또 학교 연극실(종합예술교실이나 시청각실 등을 활용 가능함)에서 낭독극을 실제 무대에 올려 볼 수 있다.

블렌디드 수업 사례

주제 선정 및 목표 이해하기
『푸른 사자 와니니』책을 읽고 생태환경 낭독극 대본을 작성하여 낭독극으로 표현해 보자

배경지식 탐구하기	
• 연극 대본 쓰는 방법 학습하기 • 등장인물 성격 파악하기 • 생태환경 낭독극 표현하기 　쌍방향 화상 수업(온라인 학습)	• 연극 감상하고 낭독극 대본 구상하기 • 연극 무대 꾸미기 - 준비물, 협의하기 • 연극 대본 리딩 연습, ppt 제작하기 　쌍방향 화상 수업(온라인 과제 활동)

실행하기	
• 생태환경 낭독극 대본 작성하기 • 생태환경 낭독극 가면, 무대 배경 만들기 • 낭독극 대본 리딩 연습 리허설 　교실 수업(등교 수업)	• 낭독극 대본 공유하고 대본 수정하기 • 낭독극 가면, 무대 배경 디자인 협의하기 • 연극 대본 리딩 연습 리허설 후 성찰하기 • 생태환경 낭독극 발표 후 감상평 쓰기 　소통 도구 '패들렛'에 공유하고 피드백하기

정리 및 수정하기
• 모둠원들의 생태환경 낭독극 발표 보고 잘된 점, 보완할 점 조언해 주기 　소통 도구 '패들렛'에 공유하고 감상하기

블렌디드 수업에서의 과정중심평가는?

블렌디드 수업에서 과정중심평가는 수행 과제에 따라 제작, 표현, 협력으로 나눠서 평가할 수 있다. 평가 방법은 자기성찰평가와 동료성찰평가로 나눠 실시할 수 있다. 자기성찰평가는 스스로 수행 과제에 대해 성찰한 결과를 체크리스트에 체크하여 나타낸다. 동료성찰평가는 모둠 활동에서 같이 협력 작업했던 학생들이 상호 평가를 통해 체크리스트에 체크하여 나타낸다.

수행 과제		내용	방법
연극에 대해 알아보고 낭독 극본을 작성하였는가?	제작	패들렛에 낭독 극본을 작성하여 게시하였는가?	자기 성찰 동료 성찰
	표현	생태환경 연극 주제가 드러나도록 낭독 극본을 작성하였는가?	
	협력	협력 작업을 고려하여 희곡 구성 단계에 맞춰 작성하였는가?	

블렌디드 수업 운영 시 Tip

① 블렌디드 수업을 하기 전 교사는 이 수업이 등교 수업에 적합한지, 쌍방향 화상 수업(온라인 수업)에 적합한지를 판단하여 수업을 계획하는 것이 중요하다.

② 블렌디드 수업의 특성을 살려 쌍방향 화상 수업과 등교 수업의 수업 흐름을 연관성 있게 구성하는 것이 무엇보다 중요하다. 앞서 말했듯 푸른 사자 와니니의 내용에서 <사파리 관광은 꼭 필요한가?>라는 토론 주제를 추출하고, 찬반 토론을 쌍방향 화상 수업에서 실시할 수 있다. 화상 수업에서 연극 대본(낭독극)을 만들어 학생들이 등교하는 날 낭독극에 필요한 배경과 가면을 만드는 수업을 하고, 실제 낭독극을 무대에 올려 보는 경험을 하게 한다.

③ 블렌디드 수업에서 학생참여활동을 적극적으로 늘리는 것이 좋다. 다양한 활동을 하기 전에 기본적인 내용들에 대한 설명이나 안내는 교사가 쌍방향

화상수업에서 먼저 실시하는 것이 좋다. 이후 학생참여활동을 늘려서 학생들이 다양한 활동에 참여할 수 있도록 <모둠별>활동을 늘려 가면 좋을 것 같다.

다양한 화상 수업 플랫폼을 통해 학생들과 함께 모둠 토의와 토론을 할 수 있고, 다양한 정보를 실시간으로 교환할 수 있다. 지금까지의 단방향 정보 수집에서 벗어나 양방향 정보 교환이 가능한 수업의 형태가 가능해진 것이다. 토의 토론 수업에 활용 가능한 것이 바로 '패들렛'(https://ko.padlet.com)과 구글 '잼보드'(jamboard)이다.

패들렛(padlet)이란?

패들렛은 교실 칠판에 포스트잇을 붙인 것과 같은 방식의 온라인 협업 프로그램이다. 패들렛이라고 하는 칠판(담벼락)에 학생들이 자신의 생각이나 의견을 게시하는 것이다. 실시간으로 결과를 확인할 수 있으며 다른 학생들의 글에 자신의 생각을 덧붙이거나 글을 수정할 수도 있다. 또한 파일 첨부나 동영상 첨부가 가능한 무궁무진한 자료 실시간 공유 프로그램이다.

참가자는 가입이 필요 없지만 교사는 가입이 필수적이다. 가입은 쉽게 할 수 있다. 패들렛 홈페이지(https://ko.padlet.com)에서 가능하며, 구글 아이디로 가입도 가능하다. 가입을 위해서는 이메일 주소와 비밀번호를 입력하면 된다. 무료 사용의 경우 Basic을 선택하여 사용할 수 있는데, 무료 버전은 패들렛을 5개까지 생성하여 운영할 수 있다. 유료로 사용할 경우 8,000원을 지불하여 프로 버전을 사용할 수 있다. 무한대로 사용가능한 패들렛을 가지길 원한다면 유료 지불도 가능하다.

가입 후 패들렛 생성하기를 통해 첫 번째 패들렛 만들기에 도전해 보자. 패들렛 유형은 총 8개로 담벼락, 캔버스, 스트림, 그리드, 셸프, 백채널, 지도, 타임라인이 있다. 처음은 가장 기본(담벼락)을 선택하여 만들어 보자. 패들렛을 만들고 게시 시작하기 버튼을 눌러 주면 패들렛이 생성된다. 패들렛의 주소를 카카오톡이나 이메일 등을 통해 학생들에게 안내하면 학생들은 가입 없이 패들렛에 참가할 수 있다. 가능한 크롬 브라우저를 사용하길 권장한다. +버튼을 누르면 포스트잇이 생성되고 그 안에 무엇이든지 게시하고 수정할 수 있다.

　　필자는 생태환경교육을 하면서 학생들의 의견을 듣고 발표하는 시간을 가지면서 패들렛을 활용하여 수업하였다. 또한 수업 중간 혹은 수업 후 학생들의 의견을 물을 때 패들렛을 활용하면 좋다. 특히 학생들의 과제물(동영상이나 이미지 문서 등)을 패들렛에 제출하게 하는 방법을 추천한다.

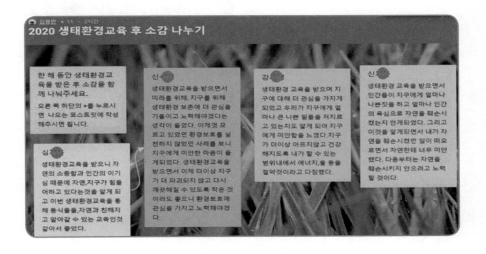

패들렛을 활용한 생태환경 동화전/시화전

2020년은 전 세계가 코로나19로 우리가 지금까지 해왔던 방식에서 새로운 방식인 비대면 생활로 전환하는 계기가 되었다. 우리 교육 현장에서도 정부의 사회적 거리두기 발표에 따라 학부모님이 학생들의 생태환경 시화전에 참석할 수 없었기 때문에 학생들과 협의 끝에 패들렛을 활용하여 온라인 전시회를 가지기로 하였다.

온라인으로 생태환경 시화전을 접한 학부모들의 반응은 좋았다. 먼저 코로나19 상황에서도 이렇게 생태환경 시화전까지 완성시켜 준 선생님들께 감사함을 표했으며, 멋진 시화집이 나올 때까지 친구들과 함께 훌륭한 작품을 만든 자녀에게 칭찬을 아끼지 않았다.

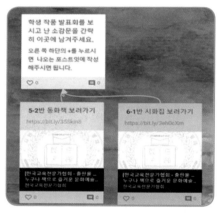

패들렛을 활용한 생태환경 수업 후 소감 나누기

다양한 생태환경 프로젝트 수업을 하고 난 후 학생들에게 패들렛에 교육 후 소감을 남겨 달라고 했다. 학생들은 하나 둘 자신의 경험을 진솔하게 패들렛에 올렸다.

생태환경교육을 받으니 자연의 소중함과 인간의 이기심 때문에 자연,지구가 힘들어하고 있다는것을 알게 되고 이번 생태환경교육을 통해 동식물들,자연과 친해지고 알아갈 수 있는 교육인것 같아서 좋았다.

생태환경 교육을 받으며 지구에 대해 더 관심을 가지게 되었고 우리가 지구에게 얼마나 큰 나쁜 일들을 저지르고 있는지도 알게 되어 지구에게 미안함을 느꼈다.지구가 더이상 아프지않고 건강해지도록 내가 할 수 있는 범위내에서 에너지,물 등을 절약것이라고

생태환경 교육을 받으면서 인간들이 지구에게 얼마나 나쁜짓을 하고 얼마나 인간의 욕심으로 자연을 훼손시켰는지 안게되었다. 그리고 이것을 알게되면서 내가 자연을 훼손시켰던 일이 떠오르면서 자연한테 너무 미안했다. 다음부터는 자연을 훼손시키지 안으려고 노력할 것이다.

구글 잼보드(jamboard)란?

블렌디드 수업에서 많이 활용하는 학생 참여형 협업 도구가 바로 구글 잼보드(Google Jamboard)이다. 구글 잼보드는 구글 도구이기 때문에 구글 계정으로 로그인해서 생성 및 참여할 수 있다. (교사와 학생 모두 구글 계정이 있으면 좋다)

활용 방법

- 구글 문서와 비교하여 그림을 그리며 이야기할 수 있다. (도형, 손그림 이용)
- 글의 위치를 자유롭게 이동할 수 있다.
- 구글 슬라이드와 비교하여 보이는 화면이 크다.
- 버튼 하나로 PDF나 이미지로 저장할 수 있다.

- 학생들이 함께 아이디어를 모으고, 발전시키고, 분류 및 정리할 수 있다.
- 프로젝트 주제에 대해 자유롭게 생각을 나누거나 자료를 모을 때 활용할 수 있다.

구글 잼보드 사용을 위해서 교사는 반드시 구글 아이디로 로그인하여야 한다.

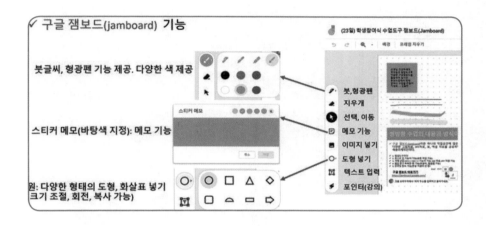

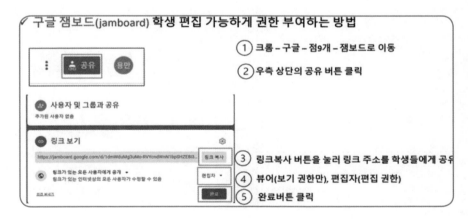

2. 교육과정과 연계 지도할 수 있는 생태환경교육

자연과 함께 공존할 수 있는 방법을 찾아 나서는

2020학년도 5·6학년 생태환경진로교육 계획

순	활동 일정			시기	장소
1	온책 읽기 - 생태환경 도서 독후 활동 (토론 수업, 연극 수업 등) → 활동 후 시 쓰기(동화책 구상하기)			4월 -7월	각 교실(담임 교사) (온라인, 오프라인) Webex
2	진로체험활동 (강서진로 체험센터)	친환경메이커교육 곤충로봇 제작 (딱따구리)	5-1반	6.25(목) 3-4교시 (10:30-11:55)	Webex 온라인 화상 수업(강사) ★키트는 사전에 배송
			5-2반		
			6-1반	6.25(목) 3-4교시 (10:30-11:55)	
			6-2반		
			6-3반		
3	→ 활동 후 시(동화책) 구상하기			6월 -7월	각 교실 (담임 교사 지도)
4	에코롱롱 (생태전환 학교)	내 손안의 작은 발전기 인간동력발전기 만들기 활동	6-1반	6.30(화) 2교시	Webex 온라인 화상 수업(강사) ★키트는 사전에 배송 (6. 22주)
			6-2반	7.2(목) 2교시	
			6-1반	7.2(목) 4교시	

5	➡ 활동 후 시(동화책) 구상하기			6월 -7월	각 교실 (담임 교사 지도)
6	개화산 생태 탐사	개화산 동식물에게 편지 쓰기	5-1반	6월 초	★나무판은 사전에 배송
			6-1반		
7	➡ 활동 후 시(동화책) 구상하기			6월 -7월	각 교실(담임 교사 지도)
8	개화산 생태 탐사 (물푸레 생태교육센터)	개화산에 사는 생물 관찰 (루페, 뜰채)	5-1반	6.30(화) 1-2교시 (09:00- 10:00)	개화산
			5-2반		
			6-1반	6.29(월) 1-2교시 (09:00- 10:00)	
			6-2반		
			6-3반		
9	➡ 활동 후 시(동화책) 구상하기			6월 -7월	각 교실(담임 교사 지도)
10	영상 교육 (유튜브 활용)			6월 -7월	 Webex 각 교실(담임 교사) (온라인, 오프라인)
	플라스틱 의 역습	김민욱의 기자 콜롬보 <침묵의 살인자, 미세플라스틱>			
		바로 가기			
	친환경 바이오 플라스틱	친환경 바이오플라스틱 <환경 문제 해결할까?>			
		바로 가기			
	일회용품 줄이기	NO! 플라스틱, 일회용품 더 이상 사지 않는 13가지 방법			
		바로 가기			
	기후 변화	지식채널e - 2050, 우리의 여름은			
		바로 가기			

11	→ 활동 후 시(동화책) 구상하기	6월 -7월	각 교실(담임 교사 지도)
12	→ 활동 후 시(동화책) 구상하기	8월	각 교실(담임 교사 지도)
13	오곡논 생태 탐사 (물푸레 생태교육센터)	9월	★9월 일정 나오면 추후 안내
14	→ 활동 후 시(동화책) 구상하기	8월	각 교실(담임 교사 지도)

<표> 서울OO초 2020 5·6학년 생태환경진로교육 프로그램 중 숲 체험

교육과정 분석을 통한 연간활동계획 수립

프로젝트명 (주제명)	프로젝트 활동	관련 교과	관련 단원 성취 기준	활동 시기
프로젝트, 꽃이 되다	프로젝트 주제 정하기 프로젝트 발표 자료 요약하기	국어 미술	[6국02-02] 이야기 구조를 생각하며 요약하는 방법을 안다.	4월
	프로젝트 결과물 만들기	국어 창체	[6국03-02] 목적이나 주제에 따라 알맞은 내용과 매체를 선정하여 글을 쓴다.	4월
	생태환경 속 디베이트 토론 이야기	국어 사회	[6국03-04] 적절한 근거와 알맞은 표현을 사용하여 주장하는 글을 쓴다.	4월
	나는야 생태동화 작가! • 마을결합활동 (마을자원)	국어 창체	[6국05-04] 일상생활의 경험을 이야기나 극의 형식으로 표현한다.	7월
	프로젝트 수행 후 성찰일기 쓰기	미술 국어	[6미02-06] 작품 제작의 전체 과정에서 느낀 점, 알게 된 점 등을 서로 이야기할 수 있다.	5-6 월

우리는 방화동 환경 파수꾼!	① 개화산 생태 탐사 ② 강서 습지 생태 조사 • 마을결합활동 (마을자원)	사회 창체	[6사08-05] 지구촌의 주요 환경 문제를 조사하여 해결 방안을 탐색하고, 환경 문제 해결에 협력하는 세계시민의 자세를 기른다.	5-6 월
	① 상자논 체험 ② 마을논(오곡논) 생태 탐구 • 마을결합활동 (마을자원)	실과	[6실05-09] 생활 속의 농업 체험을 통해 지속 가능한 생활을 이해하고 실천 방안을 제안한다.	5-6 월
지구의 온도를 되찾아라	① 찾아가는 백두대간 생태지도 만들기 ② 온실 탐험대 ③ 3D프린터로 환경생물 구현하기 ④ 서울식물원 생태 탐구 ⑤ 엄마 아빠와 함께 하는 심학산 생태환경 탐구 • 마을결합활동 (마을자원)	과학 창체	[6과05-03] 생태계 보전의 필요성을 인식하고 생태계 보전을 위해 우리가 할 수 있는 일에 대해 토의할 수 있다.	5-6 월
	푸르미 이동환경교실 <지구의 온도를 되찾아라> • 마을결합활동 (마을자원)	수학 창체	[6수05-03] 자료를 수집, 분류, 정리하여 목적에 맞는 그래프로 나타내고, 그래프를 해석할 수 있다.	5-6 월

<표 1> 6학년 교육과정 분석을 통한 연간활동계획 수립

프로젝트명 (주제명)	프로젝트 활동	관련 교과	관련 단원 성취 기준	활동 시기
마을 속에 자라는 우리	우리 마을에 숨은 보물 찾기 -보물카드 만들기- • 마을결합활동 (마을자원)	과학 국어	[4과13-03] 여러 가지 식물의 한 살이 과정을 조사하여 식물에 따라 한 살이의 유형이 다양함을 설명할 수 있다.	5월
	바람의 놀이터는 보물창고 -보물카드 찾기- • 마을결합활동 (마을자원)	과학 국어 창체	[4과13-03] 여러 가지 식물의 한 살이 과정을 조사하여 식물에 따라 한 살이의 유형이 다양함을 설명할 수 있다.	5월
	내가 찾은 보물들 -감상 일기 쓰기-	국어 창체	[4국03-04] 읽은 이를 고려하여 자신의 마음을 표현하는 글을 쓴다.	4월
녹색 바람이 키우는 우리들	지구야, 우리 함께 바람 쐬러 가자 -서울 에너지 드림센터- • 마을결합활동 (마을자원)	사회 과학 국어	[4사03-05] 우리 지역에 있는 공공 기관의 종류와 역할을 조사하고, 공공 기관이 지역 주민들의 생활에 주는 도움을 탐색한다.	6월
	지구야, 다음에 또 보자 -미래 모습 그리고 역할극 대본 쓰기-	국어 미술 창체	[4국05-03] 이야기의 흐름을 파악하여 이어질 내용을 상상하고 표현한다.	7월
	마음이 행복한 사전 만들기	국어	[4국07-01] 낱말을 분류하고 국어사전에서 찾는다.	4월

<표 2> 4학년 교육과정 분석을 통한 연간활동계획 수립

프로젝트명 (주제명)	프로젝트 활동	관련 교과	관련 단원 성취 기준	활동 시기
마을 탐방 프로젝트 나는야, 마을 홍보 대사!	① 동화마을축제 　참여하고 소개하기 ② 우리 고장 옛이야기 　소개하기 • 마을결합활동 (마을자원)	사회 창체	[4사01-03] 고장과 관련된 옛이야기를 통해 고장의 역사적인 유래와 특징을 설명한다.	4월
	③　우리 고장 문화유산 　소개하기 ④ 강서문화투어 ⑤ 어린이 마곡탐방교실 ⑥ 우리 고장 축제 초대장 　만들기 • 마을결합활동 (마을자원)		[4사01-04] 고장의 대표적인 문화유산을 살펴보고 고장에 대한 자긍심을 기른다.	5월
	⑦ 서울시 어린이 자전거 　운전 인증시험 ⑧ 여름 방학 선택 　프로젝트 • 마을결합활동 (마을자원)		[4사01-05] 옛날과 오늘날의 교통수단 발달에 따른 생활 모습의 변화를 설명한다.	7월
숲에 오니 정말 좋다	숲 해설 프로그램 <방화근린공원> • 마을결합활동 (마을자원)	과학 창체	[4과10-02] 여러 가지 동물의 한 살이 과정을 조사하여 동물의 한 살이 유형이 다양함을 설명한다.	6월

<표 3> 3학년 교육과정 분석을 통한 연간활동계획 수립

2020년 환경부가 선정한 '우수환경도서' 책 목록

연번	독자층	도서명	출판사
1	유아	씨앗 100개가 어디로 갔을까	토토북
2	유아	늑대를 잡으러 간 빨간 모자	모래알
3	유아	낡은 타이어의 두 번째 여행	노란상상
4	유아	청소의 발견	도서출판 다림
5	유아	신비한 겨울 숲의 동물들	사파리
6	유아	이런 개구리는 처음이야!	노란상상
7	유아	동글동글 달팽이야	(주)비룡소
8	유아	풀친구	웅진씽크빅
9	유아	내 방에 랑탄이 나타났어!	재능교육
10	유아	참게의 여행	국민서관(주)
11	유아	여름밤에	재능교육
12	유아	레서판다 핍과 대나무 길	재능교육
13	초등 저	하늘이 딱딱했대?	천개의바람
14	초등 저	붉나무네 자연 놀이터	㈜도서출판 보리
15	초등 저	곤충은 어떻게 알을 돌볼까?	㈜도서출판 보리
16	초등 저	꿈틀이네 퇴비 하우스에 놀러 오세요	개암나무
17	초등 저	숲속 동물들의 사계절	뜨인돌어린이
18	초등 저	작지만 대단한 씨앗	시공주니어
19	초등 저	지구와 물총새	플라내타탄제리나
20	초등 저	열매 하나	파란자전거
21	초등 저	퀴즈, 미세먼지!	초록개구리
22	초등 저	그레타 툰베리가 외쳐요!	꿈꾸는 섬
23	초등 저	나는 제인 구달이야!	보물창고

24	초등 저	지구를 구하는 십대 환경 운동가 그레타 툰베리	주니어김영사
25	초등 저	알바는 100살	애플트리태일즈
26	초등 저	지구를 구하는 쓰레기 제로 대작전	토토북
27	초등 저	30번 곰	도서출판 다림
28	초등 저	내일의 동물원	도서출판 봄볕
29	초등 저	구불구불 강이 흐르면	시공주니어
30	초등 저	지렁이의 꿈	㈜아롬주니어
31	초등 저	반쪽 섬	소원나무
32	초등 저	어머 이건 꼭 사야해!	노란돼지
33	초등 저	다시 만날 동식물 친구들	국립생태원
34	초등 저	소똥구리가 배고프대요	㈜풀과바람
35	초등 저	내 이름은 푸른점	노란돼지
36	초등 저	풀이 자라는 소리를 들어보지 않을래	책과 나무
37	초등 고	도시야, 안녕!	놀궁리
38	초등 고	새들의 밥상-뒷산 새 먹이 관찰 도감	㈜도서출판 보리
39	초등 고	바다의 생물, 플라스틱	살림출판사
40	초등 고	어린 산책자를 위한 아름다운 동물 도감	도서출판 우리학교
41	초등 고	선인장은 어떻게 식물원에 왔을까?	철수와영희
42	초등 고	생태계를 살리는 꿀벌 이야기	청어람아이
43	초등 고	우리가 지켜야 할 동물들	북극곰
44	초등 고	쓰레기산의 비밀	썬더키즈
45	초등 고	사계절 생태 캠핑-자연은 또 다른 학교	천개의바람
46	초등 고	생태 돋보기로 다시 읽는 세계 옛이야기	국립생태원
47	초등 고	그랜드 캐니언-지구에서 가장 거대한 협곡	봄의 정원
48	초등 고	새똥 숲의 골동품	파란자전거
49	초등 고	돌아와, 귀신고래야!	파란자전거

50	초등 고	우리가 사랑하는 멸종 위기 동물들	㈜아름주니어
51	초등 고	나와 마빈 가든	봄나무
52	초등 고	내 스마트폰이 아프리카에 있대요	위즈덤하우스
53	초등 고	쓰레기가 사라졌다!	㈜대통기획
54	초등 고	눈이 따끔, 숨이 탁!미세먼지	지학사 아르볼
55	초등 고	나무가 좋아지는 나무책	궁리
56	초등 고	고기를 먹지 않는다면	키다리
57	초등 고	도시에서 만난 야생 동물 이야기	철수와영희
58	초등 고	와! 폭탄먼지벌레다	도서출판 지성사
59	초등 고	궁금했어, 에너지	㈜도서출판 나무생각
60	초등 고	새와 깃털	보물창고
61	중·고등	환경과 생태 쫌 아는10대 : 우리 100년 뒤에도 만날 수 있나요?	도서출판 풀빛
62	중·고등	지구를 살리는 기발한 물건 10 : 10대부터 알아야 할 환경 이야기	한겨레출판
63	중·고등	우리 만난 적 있나요?	㈜양철북출판사
64	중·고등	지구를 살리는 영화관	서해문집
65	중·고등	동물원에 동물이 없다면	도서출판 다른
66	중·고등	고통받은 동물들의 평생 안식처 동물보호구역	책공장더불어
67	중·고등	과학을 기다리는 시간	MID
68	중·고등	출발! 에너지 탐험	북센스
69	중·고등	빌 게이츠의 화장실	빈빈책방㈜
70	중·고등	바다에서 건진 생명의 이름들	도서출판 지성사
71	중고등	환경호르몬 어떻게 해결할까?	동아엠앤비
72	중고등	꼬리에 꼬리를 무는 나무 이야기 집 밖을 나서면 보이는 식물2	도서출판 지성사
73	일반 성인	습지 그림일기	산지니

74	일반 성인	공기 파는 사회에 반대한다:상품이 된 공기	동아시아 출판사
75	일반 성인	바닷마을 인문학	도서출판 따비
76	일반 성인	자연의 비밀 네트워크	도서출판 더숲
77	일반 성인	왜 크고 사나운 동물은 희귀한가:생태학의 관점에서	에코리브르
78	일반 성인	나의 비거니즘 만화:어느 비건의 채식&동물권 이야기	㈜도서출판 푸른숲
79	일반 성인	동물주의 선언	책공장더불어
80	일반 성인	은밀하고 위대한 식물의 감각법	도서출판 다른
81	일반 성인	늑대가 온다-늑대를 사랑한 남자의 야생일기	㈜양철북출판사
82	일반 성인	우주날씨 이야기	플루토
83	일반 성인	이러다 지구에 플라스틱만 남겠어	북센스
84	일반 성인	파란하늘 빨간지구 기후변화 인류세	동아시아 출판사
95	일반 성인	바나나 제국의 몰락	반니
86	일반 성인	홀로 서지 않기로 했다-지속가능한 삶을 위한 세계 일주	목수책방
87	일반 성인	위장 환경주의 : '그린'으로 포장한 기업의 실체	에코리브르
88	일반 성인	화성에서 만난 오래된 씨앗과 지혜로운 농부들	시금치출판사
89	일반 성인	파타고니아, 파도가 칠 때는 서핑을	라이팅하우스
90	일반 성인	핀란드 사람들은 왜 중고가게에 갈까?	헤이북스
91	일반 성인	빅 치킨 : 항생제는 농업과 식생활을 어떻게 변화 시켰나	에코리브르
92	일반 성인	이렇게 웃고 살아도 되나	산지니
93	일반 성인	식사 혁명	MID
94	일반 성인	쇠나우 마을 발전소	상추쌈출판사
95	일반 성인	겨울잠을 자는 동물의 세계	에코리브르
96	일반 성인	2050 거주불능 지구	추수밭
97	일반 성인	나무의 언어	설렘
98	일반 성인	소의 비밀스러운 삶	㈜양철북출판사

99	전 연령	쓰레기책	오도스
100	전 연령	플라스틱 섬	상출판사(아이필드)
101	전 연령	사피엔스가 장악한 행성	세종서적
102	전 연령	도전! 국립생태원 생태동아리 탐구대회 <가시박 잎의 구멍은 누가 만든 걸까?>	국립생태원
103	전 연령	대단한 돼지 에스더	책공장더불어
104	전 연령	묻다	책공장더불어

교과과정에서 연계 지도할 수 있는 토론 수업

교육과정에서 토론 수업은 5학년 2학기 국어(가) 3단원과 6학년 2학기 국어 (나) 5단원에서 가르치도록 하고 있다. 책을 읽고 그 내용에 대하여 비판적인 사고를 통해 자신의 생각을 정리하고 이를 친구들과 공유함으로써 의사소통 능력을 기를 수 있다. 특히 독서에 흥미를 느끼지 못해 책 읽기를 멀리하고 독 후 활동을 지겨워하는 학생들에게 독서 감상문 이외의 활동으로 토론 수업을 적용하는 것이 독서를 통해 재미있고 의미 있는 대화를 나눌 수 있다는 것을 알려 줄 수 있다.

교육과정 성취 기준		평가 기준
[6국01-03] 절차와 규칙을 지키고 근 거를 제시하며 토론한다.	상	토론의 절차와 규칙을 정확하게 지키며 타당한 근거를 다양하게 제시하면서 토론할 수 있다.
	중	토론의 절차와 규칙을 지키고 타당한 근거를 제시하며 토론할 수 있다.
	하	토론의 절차와 규칙을 일부 지키고 근거를 부분적으로 제시하며 토론할 수 있다.

교과과정에서 연계 지도할 수 있는 천연염색 수업

아래는 초등 교육과정의 예시지만 유치원, 중학교 및 고등학교에서도 수준을 달리하여 교과 특성에 맞게 재구성하여 천연염색 수업을 할 수 있다.

현재 초등학교 교육과정에서는 5학년 2학기 과학과 <5. 산과 염기 단원 (9~10차시) 천연 지시약으로 협동화 그리기(112p~113p)에서는 천연 지시약을 만들어 협동화를 그리는 방법 생각해 보기, 천연 지식약을 만들어 협동화 그리기, 협동화 감상하기 순으로 활동한다. 자주색 양배추, 붉은 장미, 보라색 포도 등의 천연 재료를 이용하여 천연 지식약을 만든다. 만들어진 천연 지식약을 이용하여 종이가 아닌 흰색 손수건이나 천에 무늬를 넣어 염색 수업을 할 수 있다.

5학년 2학기 실과과 <2. 생활 속의 식물> 단원 (5~8차시) 식물을 직접 가꾸어 봐요.(30p~35p)에서는 식물이 잘 자라기 위한 환경 요소 알아보기, 식물 가꾸는 과정 알아보기 순으로 활동한다. 실과에서는 생활 속의 식물 중 홍화 모종을 심어서 길러 보고, 7~8월 정도에 홍화꽃이 피면 홍화 염색에 도전해 보는 것도 좋다. 홍화꽃에는 노란색과 붉은색이 함께 들어가 있다.

초등학교 6학년 미술 및 과학과 단원의 성취 기준과 평가 기준은 다음과 같다.

교육과정 성취 기준	평가 기준	
[6미02-06] 작품 제작의 전체 과정에서 느낀 점, 알게 된 점 등을 서로 이야기할 수 있다.	상	작품의 표현 내용과 방법 등 전체 제작 과정에서 느낀 점, 알게 된 점 등을 서로의 의견을 존중하며 적극적으로 이야기할 수 있다.
	중	작품의 표현 내용과 방법 등 전체 제작 과정에서 느낀 점, 알게 된 점 등을 서로 이야기할 수 있다.
	하	작품을 제작하며 느낀 점, 알게 된 점 등을 말할 수 있다.

[6과08-04]	상	우리 생활에서 산성 용액과 염기성 용액을 이용하는 여러 가지 예를 조사하여 발표할 수 있다.
우리 생활에서 산성 용액과 염기성 용액을 이용하는 예를 찾아 발표할 수 있다.	중	우리 생활에서 산성 용액과 염기성 용액을 이용하는 예를 말할 수 있다.
	하	산성 용액과 염기성 용액을 구분할 수 있다.
[평가준거 성취기준①] 가꾸기의 의미를 이해하고 식물 자원의 중요성을 설명한다.	상	가꾸기 과정(투입-과정-산출-되먹임)의 의미와 식물 자원의 중요성을 생활 속 사례를 들어 설명하고, 식물 자원의 이용 사례를 제안할 수 있다.
	중	가꾸기 과정(투입-과정-산출-되먹임)의 의미와 식물 자원의 중요성을 생활 속 사례를 이해할 수 있다.
	하	식물 자원의 중요성을 말할 수 있다.

교과과정에서 연계 지도할 수 있는 소프트웨어 생태환경 교육

생태환경 교육과 연관된 주제 중 재활용 또는 분리 배출과 같은 내용을 중심으로 찾아보니, 초등학교 5학년 실과 교과에 아래와 같은 성취 기준이 나와 있었다.

교육과정 성취 기준		평가 기준
[6실03-04] 쾌적한 생활 공간 관리의 필요성을 환경과 관련지어 이해하고 올바른 관리 방법을 계획하여 실천한다.	상	쾌적한 생활 공간 관리의 필요성을 바탕으로 환경을 생각하는 올바른 관리 방법을 탐색하여 실천할 수 있다.
	중	쾌적한 생활 공간 관리의 필요성을 환경과 관련지어 이해하고 올바른 관리 방법을 제안할 수 있다.
	하	생활 공간 관리의 개념을 설명하고, 생활 공간을 쾌적하게 관리해야 하는 이유를 설명할 수 있다.

이 성취 기준과 연관된 학습 요소를 추출하면 다음과 같다.

- 정리 정돈과 재활용
- 분리배출 실천, 종이류, 고철류, 플라스틱비닐류, 음식물 쓰레기
- 재활용 실천, 벼룩시장, 업사이클
  *업사이클(upcycling) : 쓸모없거나 버려지는 물건을 새롭게 디자인해 질적·환경적 가치가
  높은 물건으로 재탄생시키는 재활용 방식이다.

그 다음 소프트웨어 교육과 연관된 6학년 실과 교과 <4. 프로그래밍과 소통>
단원의 성취 기준을 보면 다음과 같다.

교육과정 성취 기준		평가 기준
[6실04-07] 소프트웨어가 적용된 사례를 찾아 보고 우리 생활에 미치는 영향을 이해한다.	상	다양한 매체를 활용하여 소프트웨어가 적용된 사례를 찾고 생활에 미치는 영향을 분석할 수 있다.
	중	다양한 자료를 보고 소프트웨어가 적용된 사례를 탐색하고 생활에 미치는 영향을 설명할 수 있다.
	하	생활에서 소프트웨어가 사용되고 있는 사례를 말할 수 있다.
[6실04-11] 문제를 해결하는 프로그램을 만드는 과정에서 순차, 선택, 반복 등의 구조를 이해한다.	상	문제를 해결하는 프로그램 만드는 과정에서 순차, 선택, 반복의 구조를 창의적으로 제시할 수 있다.
	중	문제를 해결하는 프로그램을 만드는 과정에서 순차, 선택, 반복 등의 구조를 설명할 수 있다.
	하	문제를 해결하는 프로그램을 만드는 과정에서 순차, 선택, 반복구조가 있음을 말할 수 있다.

교과과정에서 연계 지도할 수 있는 뜨개질 수업

초등학교 6학년 실과 교과 <3단원 가정생활과 안전 2)생활 소품 만들기> 단원의 성취기준과 평가 기준은 다음과 같다.

교육과정 성취 기준		평가 기준
[6실02-06] 간단한 생활 소품을 창의적으로 제작하여 활용한다.	상	간단한 생활 소품을 창의적으로 제작하여 타인을 위해 활용할 수 방안을 제안할 수 있다.
	중	간단한 생활 소품을 창의적으로 제작하여 활용할 수 있다.
	하	간단한 생활 소품을 구상하여 제작할 수 있다.

교과과정에서 연계 지도할 수 있는 연극 수업

현재 초등학교 교육과정에 나와 있는 연극 수업을 살펴보면 다음과 같다.

> 5학년 2학기 (나) 연극 단원 : 함께 연극을 즐겨요.
> 6학년 1, 2학기 (나) 연극 단원 : 함께 연극을 즐겨요.

초등학교 5, 6학년 국어과 단원의 성취 기준과 평가 기준은 다음과 같다.

교육과정 성취 기준		평가 기준
[6국05-04] 일상생활의 경험을 이야기나 극의 형식으로 표현한다.	상	일상적 경험에서 가치를 발견하여 이야기나 극의 형식으로 구조화하여 창의적으로 표현할 수 있다.
	중	일상생활에서 기억에 남는 경험을 이야기나 극의 형식에 담아 표현할 수 있다.
	하	일상생활의 경험을 간단한 이야기나 극의 형식으로 표현할 수 있다.

2015 개정 교육과정에 따른 초등학교 5~6학년군 국어과 연극 단원 지도 계획은 다음과 같다.

단원		성취 기준	단원학습 목표	차시	차시별 학습 활동	교과서 쪽수
5학년 1학기 연극 단원이 없습니다.						
5학년 2학기	함께 연극을 즐겨요	[6국05-04] 일상생활의 경험을 이야기나 극의 형식으로 표현한다. [6국05-02] 작품 속 세계와 현실 세계를 비교하며 작품을 감상한다.	연극의 특성을 알고 자신의 경험을 즉흥으로 표현할 수 있다.	10 차시	연극의 특성을 살펴볼 수 있다.	160 ~167쪽
					마음이나 생각을 몸짓으로 표현할 수 있다.	168 ~171쪽
					자신이 되고 싶은 인물을 떠올리며 즉흥 표현을 할 수 있다.	172 ~175쪽
					이야기의 장면을 표현하며 재미를 느낄 수 있다.	176 ~185쪽

6학년 1학기	<연극 단원> 함께 연극을 즐겨요	[6국01-04] 자료를 정리하여 말할 내용을 체계적으로 구성한다. [6국05-04] 일상생활의 경험을 이야기나 극의 형식으로 표현한다. [6국05-05] 작품에 대한 이해와 감상을 바탕으로 하여 다른 사람과 적극적으로 소통한다.	경험을 살려 극본을 쓸 수 있다.	1~2	연극과 극본의 관계 살펴보기	180 ~187쪽
				3~4	극본의 특성 이해하기	188 ~197쪽
				5~7	일상 경험을 극본으로 표현하기	198 ~201쪽
				8~ 10	극본 낭독하기	202 ~207쪽
6학년 2학기	함께 연극을 즐겨요	[6국05-04] 일상생활의 경험을 이야기나 극의 형식으로 표현한다. [6국05-05] 작품에 대한 이해와 감상을 바탕으로 하여 다른 사람과 적극적으로 소통한다.	극본을 읽고 연극을 할 수 있다.	10	연극의 특성을 생각하며 감상할 수 있다.	176 ~181쪽
					극본을 읽고 감상할 수 있다.	182 ~197쪽
					인물이 처한 상황에 알맞게 표현할 수 있다.	198 ~202쪽
					연극을 공연할 무대를 준비할 수 있다.	203 ~207쪽
					무대에서 연극을 공연할 수 있다.	208 ~211쪽

프로젝트 교사·학생용 계획서 예시

① 프로젝트 교사용 계획서(기획서)는 다음 예와 같이 작성한다.

프로젝트 제목		우리는 방화동 환경 파수꾼! - 개화산 생태 탐사 (in '생명이 들려주는 소리가 들리니?')				
기간		20○○. 4. 1 ~ 4. 19. (4주)	대상	6-1반 ○○명	지도 교사	김○○
관련 교과 성취 기준	과학과	[6과05-03] 생태계 보전의 필요성을 인식하고 생태계 보전을 위해 우리가 할 수 있는 일에 대해 토의할 수 있다.				
	국어과	[6국03-02] 목적이나 주제에 따라 알맞은 내용과 매체를 선정하여 글을 쓴다.				
성취 기준		(재구성) 개화산 생태 탐사 활동을 통해 다양한 생물이 우리 생활에 미치는 영향을 알고 발표문을 작성할 수 있다.				
학습 목표		개화산 생태 탐사 활동을 통해 다양한 생물이 우리 생활에 미치는 영향을 알고 발표문을 작성할 수 있다.				
마을자원 활용		☑ 마을인적 인적 자원 ☑ 마을인적 물적 자원				
마을 자원		사)물푸레 생태교육센터 - 강사 4명				
마을결합형운영 협의체 협의		사전 협의 : 4차례(활동 조율, 워크북 공동제작, 수업방식 협의 등) 사후 협의회 : 1차례 (교육 후 미비점 보완)				
마을 자원 검증		서울특별시강서구청 환경과 인증기관 등록				
핵심역량		☑ 자기관리역량(쟈) ☑ 의사소통 역량(의) ☑ 공동체 역량(공공동체 의식 역량)				
★ 수행과제		개화산 생태 탐사 글쓰기				
기초학력 지도계획		학습 소외나 기초 학력 저하가 우려되는 학생에 대한 담임 전담 지도 및 프로젝트 활동 시 협력 학습 도우미 활용 지도				

★학생 활동 구체화	1차시	프로젝트 주제 정하기, 구체적 활동 정하기
	2차시	개화산 생태 탐사(산개구리와 도롱뇽, 봄꽃의 생태 관찰하기)
	3차시	개화산 생태 탐사 후 다양한 생물이 우리 생활에 미치는 영향 발표자료 만들기
	4차시	개화산 생태 탐사 후 다양한 생물이 우리 생활에 미치는 영향 발표 및 성찰, 평가
활동별 준비물	1차시	허니컴보드, 포스트잇, 동영상자료(KDI-EBS 공동제작 '공부의 재구성' PBL을 아시나요?)
	2차시	개화산 생태 탐사 프로젝트 계획 세우기(KWL) 및 질문지, 학습지
	3차시	개화산 생태 탐사 워크북, 루페(관찰도구), 뜰채, 필기구, 사진기, 간식, 외투
	4차시	발표 자료(8절지 크기 도화지, 색연필, 포스트잇)

② 프로젝트 학생용 계획서는 다음과 같이 작성한다.

[우리는 방화동 환경 파수꾼!] 프로젝트 계획서	
주 제	개화산 산개구리 탐방
탐구 질문	개화산에 산개구리가 살고 있을까?

1. 궁금한 점과 꼭 알아야 할 것을 자유롭게 쓰세요.

1. 개화산에 산개구리가 살고 있을까?	8. 산개구리는 무엇을 먹고 살까?
2. 산개구리 색깔은 무슨 색일까?	9. 산개구리의 수명은 평균 몇 년일까?
3. 산개구리는 개화산 또는 어디에 살까?	10. 산개구리의 무늬는 무엇일까?
4. 다른 개구리와 산개구리의 차이는 무엇일까?	11. 산개구리는 개화산 말고 또 어디에 살까?
5. 산개구리의 크기는 어느 정도일까?	12. 산개구리의 천적은 누구일까?
6. 산개구리의 울음 소리는 어떨까?	13. 산개구리와 비슷한 개구리는 무엇일까?
7. 산개구리는 독이 있을까?	14. 산개구리의 성별을 어떻게 구분할까?

2. 주요 일정 중요한 일이 있는 날짜를 적으세요.

시작	프로젝트 탐구 활동	발표	돌아보기
04-15	04-18	04-19	04-19

3. 계획하기 프로젝트를 어떻게 진행할지 아이디어를 내 보세요..

1) 얻고 싶은 점	2) 최종 결과물	3) 발표 방식
연구 통해 배우거나 도움이 되는 것은?	탐구 질문의 해답으로 만들어낼 결과물은?	결과물을 발표할 실제적인 방식은?
마을 자원 (강사님 자세한 설명)	8절지	모둠원이 나와서 한 명이 발표하고, 돌아가면서 질문을 받고 답하기

교육과정에서 연계 지도할 수 있는 식물 관찰

현재 초등학교 과학과 교육과정에서 다루고 있는 식물에 대한 단원을 분석해 보면 다음과 같다.

학년	학기	단원	학습 목표
4	1	3. 식물의 한살이	식물의 한살이 관찰 계획을 세워 식물을 기르면서 한살이를 관찰할 수 있다.
	2	1. 식물의 생활	사는 곳의 환경에 따른 식물의 특징을 설명할 수 있다.
5	2	2. 생물과 환경	빛, 온도, 물과 같은 비생물 환경요인이 생물에 미치는 영향을 설명할 수 있다.
6	1	4. 식물의 구조와 기능	식물의 뿌리, 줄기, 잎, 꽃과 열매의 구조와 기능을 설명할 수 있다.

초등학교 4학년 과학과 단원의 성취 기준과 평가 기준은 다음과 같다.

교육과정 성취 기준		평가 기준
[4과13-02] 식물의 한살이 관찰 계획을 세워 식물을 기르면서 한살이를 관찰할 수 있다. <탐구 활동> 한살이 관찰하기	상	식물의 한살이 관찰 계획을 세우고 식물을 심고 기르며 한살이 과정을 관찰하여 그 특징을 시기별로 기록하는 관찰 보고서를 쓸 수 있다.
	중	식물의 한살이를 관찰하면서 한살이 과정을 글과 그림 등으로 표현할 수 있다.
	하	주어진 관찰 계획에 따라 식물을 심고 기르며 관찰할 수 있다.
[6과 05-02] 비생물 환경 요인이 생물에 미치는 영향을 이해하여 환경과 생물 사이의 관계를 설명할 수 있다. <탐구 활동> 환경 요인이 생물에 미치는 영향 조사하기	상	빛, 온도, 물과 같은 비생물 환경 요인이 생물에 미치는 영향을 조사하여 환경과 생물 사이의 관계를 설명할 수 있다.
	중	빛, 온도, 물과 같은 비생물 환경 요인이 생물에 미치는 영향을 설명할 수 있다.
	하	비생물 환경 요인에는 빛, 온도, 물 등이 있음을 말할 수 있다.
[6과12-02] 식물의 전체적인 구조 관찰과 실험 을 통해 뿌리, 줄기, 잎, 꽃의 구조와 기능을 설명할 수 있다. <탐구 활동> 증산 작용과 줄기를 통한 물의 이동 실험하기 / 광합성 산물 확인하는 실험하기	상	증산 작용 실험과 광합성 산물을 확인하는 실험 을 통해 뿌리, 줄기, 잎, 꽃의 구조와 기능을 알고 각각의 기관이 연결되어 있음을 설명할 수 있다.
	중	식물의 전체적인 구조를 관찰하고, 식물의 뿌리, 줄기, 잎, 꽃의 구조와 각각의 기능을 설명할 수 있다.
	하	식물을 관찰하여 뿌리, 줄기, 잎, 꽃으로 구분할 수 있다.

교육과정에서 연계 지도할 수 있는 상자논 관찰

초등학교 과학과 교육과정에서 다루고 있는 식물에 대한 단원은 학교 상자논
관찰하기 활동과 관련하여 지도할 수 있다.

학년	학기	단원	학습 목표
4	1	3. 식물의 한살이	식물의 한살이를 관찰 계획을 세워 식물을 기르면서 한살이를 관찰할 수 있다.

초등학교 4학년 과학과 단원의 성취 기준과 평가 기준은 다음과 같다.

교육과정 성취 기준	평가 기준	
[4과13-02] 식물의 한살이 관찰 계획을 세워 식물을 기르면서 한살이를 관찰할 수 있다. <탐구 활동> 한살이 관찰하기	상	식물의 한살이 관찰 계획을 세우고 식물을 심고 기르며 한살이 과정을 관찰하여 그 특징을 시기별로 기록하는 관찰 보고서를 쓸 수 있다.
	중	식물의 한살이를 관찰하면서 한살이 과정을 글과 그림 등으로 표현할 수 있다.
	하	주어진 관찰 계획에 따라 식물을 심고 기르며 관찰할 수 있다.

교육과정에서 연계 지도할 수 있는 텃밭 관찰

초등학교 1학년 통합교과(슬기로운 생활)와 4, 6학년 과학과 단원의 성취 기준과 평가 기준은 다음과 같다.

교육과정 성취 기준	평가 기준	
[2슬02-04] 봄에 씨앗이나 모종을 심어 기르면서 식물이 자라는 모습을 관찰한다.	상	씨앗이나 모종을 심고 식물이 자라는 모습을 관찰한 후 세부적인 특징을 살려 글과 그림으로 나타낼 수 있다.
	중	씨앗이나 모종을 심고 식물이 자라는 모습을 관찰하여 글과 그림으로 나타낼 수 있다.
	하	씨앗이나 모종을 심고 식물이 자라는 모습을 관찰할 수 있다.

[4과13-02] 식물의 한살이 관찰 계획을 세워 식물을 기르면서 한살이를 관찰할 수 있다. <탐구 활동> 한살이 관찰하기	상	식물의 한살이 관찰 계획을 세우고 식물을 심고 기르며 한살이 과정을 관찰하여 그 특징을 시기별로 기록하는 관찰 보고서를 쓸 수 있다.
	중	식물의 한살이를 관찰하면서 한살이 과정을 글과 그림 등으로 표현할 수 있다.
	하	주어진 관찰 계획에 따라 식물을 심고 기르며 관찰할 수 있다.
[6과12-02] 식물의 전체적인 구조 관찰과 실험을 통해 뿌리, 줄기, 잎, 꽃의 구조와 기능을 설명할 수 있다. <탐구 활동> 증산 작용과 줄기를 통한 물의 이동 실험하기 / 광합성 산물 확인하는 실험하기	상	증산 작용 실험과 광합성 산물을 확인하는 실험 을 통해 뿌리, 줄기, 잎, 꽃의 구조와 기능을 알고 각각의 기관이 연결되어 있음을 설명할 수 있다.
	중	식물의 전체적인 구조를 관찰하고, 식물의 뿌리, 줄기, 잎, 꽃의 구조와 각각의 기능을 설명할 수 있다.
	하	식물을 관찰하여 뿌리, 줄기, 잎, 꽃으로 구분할 수 있다.

1학년 1학기 통합교과(슬기로운 생활) <2. 도란도란 봄 동산(16-17차시)> 단원을 통해 씨앗을 심어요(봄72p-75p) 수업 주제로 씨앗과 씨앗이 자란 모습 살펴보기, 씨앗 관찰하기, 화분에 씨앗 심기, 무씨를 심어 싹 틔우기, 느낀 점 이야기하기 순으로 활동을 전개한다.

교육과정에서 연계 지도할 수 있는 숲이나 들 생태 탐사 활동

초등학교 통합교과(슬기로운 생활) 교육과정에서 다루고 있는 '계절에 따른 동식물의 변화'에 대한 단원이 산(숲)이나 들 생태탐사 활동과 관련하여 지도할 수 있다. 6학년 사회과 <2. 통일 한국의 미래와 지구촌의 평화> 단원의 (15차시) 지구촌에서 나타나는 다양한 환경 문제 알아보기, (16~17차시) 지구촌 환경 문제를 해결하기 위한 노력 알아보기를 통해 산(숲)이나 생태탐사 활동과 관련지어 지도할 수 있다.

학년	학기	단원	학습 목표
2	1(봄)	2. 봄이 오면	봄에 볼 수 있는 다양한 동물과 식물을 3~4가지 찾을 수 있다.
	1(여름)	2. 초록이의 여름 여행	여름에 볼 수 있는 동식물을 조사할 수 있다.
	2(가을)	2. 가을아 어디 있니	가을에 볼 수 있는 단풍, 낙엽, 열매 등의 모양과 특징을 관찰하여 한 가지 기준으로 무리 지을 수 있다.
	2(겨울)	2. 겨울 탐정대의 친구 찾기	동식물의 겨울나기 모습을 조사할 수 있다.
6	2	2. 통일 한국의 미래와 지구촌의 평화	자연환경과 조화를 이루며 살아가려는 인간의 신념 및 활동은 지구환경의 지속가능성을 담보한다.

초등학교 2학년 통합교과(슬기로운 생활)와 6학년 사회과의 성취 기준과 평가 기준은 다음과 같다.

교육과정 성취 기준	평가 기준	
[2슬02-03] 봄이 되어 볼 수 있는 다양한 동식물을 찾아본다.	상	봄에 볼 수 있는 다양한 동물과 식물을 5가지 이상 찾을 수 있다.
	중	봄에 볼 수 있는 다양한 동물과 식물을 3~4가지 찾을 수 있다.
	하	봄에 볼 수 있는 다양한 동물과 식물을 1~2가지 찾을 수 있다.

[2슬04-03] 여름에 볼 수 있는 동식물을 살펴 보고 그 특징을 탐구한다.		상	여름에 볼 수 있는 다양한 동물과 식물을 탐구하여 각 동식물의 특징을 말할 수 있다.
		중	여름에 볼 수 있는 동식물을 조사할 수 있다.
		하	여름에 볼 수 있는 동식물의 이름을 말할 수 있다.
[2슬06-04] 가을에 볼 수 있는 것을 살펴보고, 특징에 따라 무리 짓는다.		상	가을에 볼 수 있는 단풍, 낙엽, 열매 등의 모양과 특징을 관찰하고, 두 가지 이상의 기준으로 무리 짓기를 할 수 있다.
		중	가을에 볼 수 있는 단풍, 낙엽, 열매 등의 모양과 특징을 관찰하여 한 가지 기준으로 무리 지을 수 있다.
		하	가을 산과 들의 단풍 든 풍경을 살펴보고 특징을 말할 수 있다.
[2슬08-03] 동식물의 겨울나기 모습을 살펴보고, 좋아 하는 동물의 특성을 탐구한다.	[평가 준거 성취기준①] 동식물의 겨울나기 모습을 조사한다.	상	동식물의 겨울나기 모습을 조사하여 발표할 수 있다.
		중	동식물의 겨울나기 모습을 조사할 수 있다.
		하	겨울나기 하는 동식물의 이름을 말할 수 있다.
	[평가 준거 성취기준②] 좋아하는 동물의 특성을 탐구한다.	상	좋아하는 동물의 여러 가지 특성을 탐구하여 발표 할 수 있다.
		중	좋아하는 동물의 특성을 탐구할 수 있다.
		하	좋아하는 동물을 말할 수 있다.
[6사08-05] 지구촌의 주요 환경 문제를 조사 하여 해결 방안을 탐색하고, 환경 문제 해결에 협력하는 세계시민 의 자세를 기른다.		상	지구촌의 주요 환경 문제를 조사하여 합리적인 해결방안을 제시하고, 환경 문제 해결을 위해 협력하는 세계시민의 자세를 설명할 수 있다.
		중	지구촌의 환경 문제를 조사하여 해결 방안을 제시하고, 환경 문제 해결에 협력하는 세계시민의 자세를 제시할 수 있다.
		하	지구촌의 주요 환경 문제와 그 문제 해결을 위한 세계시민의 자세가 중요함을 인식할 수 있다.

2학년 1학기 통합교과(슬기로운 생활) 봄 <2. 봄이 오면> 단원을 통해(5-6차시) 봄을 찾아서(봄 82p-83p) 수업 주제로 학교 주변의 봄(봄에 피는 꽃, 봄의 산과 들)을 알아보고, 봄 풍경 및 그 느낌을 신체로 표현하며 사진 찍는 활동이 있다.

2학년 2학기 통합교과(슬기로운 생활) 여름 <2. 초록이의 여름 여행> 단원을 통해(5~6차시) 여름 동산 친구들을 만나요(여름 86p-87p) 수업 주제로 동물을 관찰할 때 주의할 점 알아보기, 돋보기 사용법 알아보기, 동물이 있을 것 같은 곳을 생각해 보기, 학교 주변에서 동물을 찾아 관찰해 보기, 관찰한 여름 친구 그려 보기 순으로 활동한다.

2학년 2학기 통합교과(슬기로운 생활) 가을 <2. 가을아 어디 있니> 단원을 통해 (20-21차시) 주렁주렁 가을 열매(가을 104p-105p) 수업 주제로 가을 열매를 관찰하는 방법 알아보기, 오감을 사용하여 가을 열매 관찰하기 순으로 활동한다.

2학년 2학기 통합교과(슬기로운 생활) 겨울 <2. 겨울 탐정대의 친구> 단원을 통해(19차시) 수업 만들기(겨울 122p-123p) 수업 주제로 동물과 식물이 겨울을 나는 모습 알아보기, 동물과 식물의 겨울나기 돕기 순으로 활동한다.

6학년 사회과 <2. 통일 한국의 미래와 지구촌의 평화> 단원의 (15차시) 지속 가능한 미래에 대해 알아보기, 열대 우림 파괴와 지구 온난화 살펴보기, 세계 환경 문제 지도 만들기 활동 순으로 진행하며, (16~17차시)지구촌 환경 문제를 해결하려는 다양한 노력 알아보기, 지구촌 환경 문제 해결을 위한 토의하기 순으로 활동한다.

숲 체험 프로그램 개발을 위한 참고 도서

숲 체험 프로그램 개발에 참고할 만한 책은 다음과 같다.

구분	책 제목	저자	프로그램 내용
숲 체험	숲을 보는 돋보기	산림청	• 산림 문화, 휴양, 교육 프로그램 • 산림생태계의 구성 요소의 변화 • 산림생태계와 인간 활동의 관계 • 산림생태계와 생물 다양성
	산림 체험 프로그램	국립수목원	• 숲에 대한 태도, 생명존중 인식, 창의적 사고, 사회성 향상 프로그램
	산림 교육 프로그램	산림청	• 2009 교육과정 교과내용 연계한 계절별 프로그램
숲 해설	숲 해설 시나리오	황경택	• 숲 해설과 생태놀이 기획하기 • 숲 해설 시나리오 • 숲생태 놀이 시나리오
놀이	애들아, 숲에서 놀자	남효창	• 숲 해설가가 알아야할 생태체험 교육 • 숲에서 생태적으로 놀기 위한 실전 전략 • 숲체험 놀이
	사계절 생태놀이	붉나무	• 자연물(풀, 나무, 물고기, 새, 돌, 흙, 꽃, 열매 등)을 이용한 계절별 놀이 소개
	만화로 배우는 주제별 생태놀이	황경택	• 아이들을 위한 생태놀이 준비 • 숲놀이 전 활동하기 • 숲생태 이해를 위한 숲 놀이 • 숲생태 상식

<표> 숲 체험 프로그램 개발을 위한 참고 도서

교육과정에서 연계 지도할 수 있는 강이나 습지 생태 탐사 활동

　　현행 2015 개정 교육과정에서 강이나 습지를 활용한 교육 내용은 찾아보기 힘들다. 2020년 서울시 교육청이 개최한 '제2회 생태전환교육포럼'에서 이선경(청주교대)교수는 2015 개정 교육과정 총론과 환경교육과 관련 있는 교과의 성취 기준 등을 분석한 결과를 발표했다. 결론은 총론에는 환경교육 관련 내용이 특별히 명시되지 않았다. 추구하는 인간상과 핵심 역량 등에서 환경교육과 연계할 수 있는 여지는 있다고 분석하고 있다.

　　초등학교 4, 5학년 과학과 교육과정에서 다루고 있는 식물의 생활과 생물과 환경에 대한 단원이 강이나 습지 활동과 관련하여 지도할 수 있다.

학년	학기	단원	학습 목표
4	2	1. 식물의 생활	다양한 환경에서 생활하는 식물의 생김새와 생활 방식을 조사하고 이들의 다름을 환경과 관련하여 설명할 수 있다.
5	2	2. 생물과 환경	빛, 온도, 물과 같은 비생물 환경 요인이 생물에 미치는 영향을 조사하여 환경과 생물 사이의 관계를 설명할 수 있다.

초등학교 4, 5학년 과학과 단원의 성취 기준과 평가 기준은 다음과 같다.

교육과정 성취기준		평가 기준
[4과04-02] 식물의 생김새나 생활 방식이 환경과 관련되어 있음을 설명할 수 있다. <탐구 활동> 다양한 환경에 서식하는 식물의 생김새와 생활 방식 조사하기	상	다양한 환경에서 생활하는 식물의 생김새와 생활 방식을 조사하고 이들의 다름을 환경과 관련하여 설명할 수 있다.
	중	다양한 환경에서 생활하는 식물의 생김새와 생활 방식을 조사하고 이들의 다름을 설명할 수 있다.
	하	다양한 환경에 서식하는 식물의 생김새나 생활방식을 말할 수 있다.
[6과 05-02] 비생물 환경 요인이 생물에 미치는 영향을 이해하여 환경과 생물 사이의 관계를 설명할 수 있다. <탐구 활동> 환경 요인이 생물에 미치는 영향 조사하기	상	빛, 온도, 물과 같은 비생물 환경 요인이 생물에 미치는 영향을 조사하여 환경과 생물 사이의 관계를 설명할 수 있다.
	중	빛, 온도, 물과 같은 비생물 환경 요인이 생물에 미치는 영향을 설명할 수 있다.
	하	비생물 환경 요인에는 빛, 온도, 물 등이 있음을 말할 수 있다.

5학년 2학기 과학 <2. 생물과 환경> 단원에서(7차시) 생물은 환경에 어떻게 적응될까요?(36p-37p) 수업 주제로 생물이 사는 곳을 알아보기, 환경에 적응된 여구 가족 찾기, 다양한 환경에 적응한 생물의 예 살펴보기 순으로 활동을 전개한다.

이 차시 마지막 활동에서 철새가 다른 지역으로 이동하는 행동은 계절별 온도 차가 큰 환경에서 생활 방식을 통해 생물이 적응된 결과라는 내용이 나온다. 이와 연관하여 강이나 습지의 환경과 철새가 도래하는 이유와의 환경적 요인을 가지고 수업을 할 수 있다.

4학년 2학기 과학 <1. 식물의 생활> 단원에서(4~5차시) 강이나 연못에는 어떤 식물이 살까요?(16p-19p) 수업 주제로 강과 연못에서 사는 식물 조사하기, 강과 연못에서 사는 식물 분류하기, 부레옥잠의 특징 알아보기, 식물이 강이나 연못의 환경에 적응한 예 순으로 활동을 전개한다.

강서 생태습지에 사는 식물들

이 차시 마지막 활동에서 식물이 강이나 연못의 환경에 적응한 예에서 강과 연못에는 물속에 잠겨서 사는 식물, 물에 떠서 사는 식물, 잎이 물에 떠 있는 식물, 잎이 물 위로 높이 자라는 식물이 있다. 식물의 특징이 오랜 기간에 걸쳐 주변 환경에 적합하게 변화되어 가는 것을 적응이라고 한다. 이와 연관하여 강이나 습지의 환경에 적응해 살아가는 식물들의 예를 가지고 수업을 할 수 있다.

교육과정에서 연계 지도할 수 있는 논 생태 탐사 활동

초등학교 통합교과(슬기로운 생활)와 과학과 교육과정에서 다루고 있는 계절, 동물과 식물, 생물과 환경에 대한 단원은 논 생태 탐사 활동과 관련하여 지도할 수 있다.

학년	학기	단원	학습 목표
1	1	2. 도란도란 봄 동산	봄에 볼 수 있는 다양한 동물과 식물을 5가지 이상 찾을 수 있다.
2	1	2. 초록이의 여름 여행	여름에 볼 수 있는 다양한 동물과 식물을 탐구하여 각 동식물의 특징을 말할 수 있다.
3	2	2. 동물의 생활	동물이 사는 환경을 조사하고 동물의 생김새나 생활 방식이 환경과 어떻게 관련되어 있는지 설명할 수 있다.
4	2	1. 식물의 생활	다양한 환경에서 생활하는 식물의 생김새와 생활 방식을 조사하고 이들의 다름을 환경과 관련하여 설명할 수 있다.
5	2	2. 생물과 환경	빛, 온도, 물과 같은 비생물 환경 요인이 생물에 미치는 영향을 조사하여 환경과 생물 사이의 관계를 설명할 수 있다.

초등학교 1, 2학년 통합교과(슬기로운 생활)와 3, 4, 6학년 과학과 단원의 성취 기준과 평가 기준은 다음과 같다.

교육과정 성취 기준		평가 기준
[2슬02-03] 봄이 되어 볼 수 있는 다양한 동식물을 찾아본다.	상	봄에 볼 수 있는 다양한 동물과 식물을 5가지 이상 찾을 수 있다.
	중	봄에 볼 수 있는 다양한 동물과 식물을 3~4가지 찾을 수 있다.
	하	봄에 볼 수 있는 다양한 동물과 식물을 1~2가지 찾을 수 있다.

[2슬04-03] 여름에 볼 수 있는 동식물을 살펴보고 그 특징을 탐구한다.	상	여름에 볼 수 있는 다양한 동물과 식물을 탐구하여 각 동식물의 특징을 말할 수 있다.
	중	여름에 볼 수 있는 동식물을 조사할 수 있다.
	하	여름에 볼 수 있는 동식물의 이름을 말할 수 있다.
[4과03-02] 동물의 생김새나 생활 방식이 환경과 관련되어 있음을 설명할 수 있다. <탐구 활동> 다양한 환경에 서식하는 동물의 생김새와 생활 방식 조사하기	상	동물이 사는 환경을 조사하고 동물의 생김새나 생활 방식이 환경과 어떻게 관련되어 있는지 설명할 수 있다.
	중	다양한 환경에 따라 동물의 생김새나 생활방식이 다름을 발표할 수 있다.
	하	다양한 환경에 사는 동물의 생김새를 말할 수 있다.
[4과05-02] 식물의 생김새나 생활 방식이 환경과 관련되어 있음을 설명할 수 있다. <탐구 활동> 다양한 환경에 서식하는 식물의 생김새와 생활 방식 조사하기	상	다양한 환경에서 생활하는 식물의 생김새와 생활 방식을 조사하고 이들의 다름을 환경과 관련하여 설명할 수 있다.
	중	다양한 환경에서 생활하는 식물의 생김새와 생활 방식을 조사하고 이들의 다름을 설명할 수 있다.
	하	다양한 환경에 서식하는 식물의 생김새나 생활방식을 말할 수 있다.
[6과 05-02] 비생물 환경 요인이 생물에 미치는 영향을 이해하여 환경과 생물 사이의 관계를 설명할 수 있다. <탐구 활동> 환경 요인이 생물에 미치는 영향 조사하기	상	빛, 온도, 물과 같은 비생물 환경 요인이 생물에 미치는 영향을 조사하여 환경과 생물 사이의 관계를 설명할 수 있다.
	중	빛, 온도, 물과 같은 비생물 환경요인이 생물에 미치는 영향을 설명할 수 있다.
	하	비생물 환경요인에는 빛, 온도, 물 등이 있음을 말할 수 있다.

　1학년 1학기 통합교과 봄 <2. 도란도란 봄 동산> 단원에서(봄31차시) 수업 만들기(92p-93p) 수업 주제로 개구리 노랫말에 맞추어 율동하기, 봄의 동식물 빙

고 놀이, 동식물의 소중함 생각하기 순으로 활동을 할 수 있다.

2학년 1학기 통합교과 여름 <2. 초록이의 여름 여행> 단원에서(여름 19~20차시) 물가에 사는 친구를 만나요(106p~109p) 수업 주제로 물가 친구들을 살펴보기, 물에 사는 곤충의 특징을 알아보기, 물속에 사는 동물의 이름을 확인하기, 물가에 사는 동물 무리 짓기 순으로 활동을 할 수 있다.

4학년 2학기 과학 <1. 식물의 생활> 단원과 5학년 2학기 과학 <2. 생물과 과학> 단원에서의 연계 수업은 앞서 설명한 바와 동일하다.

교육과정에서 연계 지도할 수 있는 지구촌의 환경 문제

현재 초등학교 교육과정에서는 6학년 사회과 2학기 <2. 통일 한국의 미래와 지구촌의 평화> 단원의 ③지속 가능한 지구촌(15차시)에서 다양한 환경 문제 알아보기와 해양오염 문제 알아보기가 나온다.

초등학교 6학년 사회과 단원의 성취기준과 평가 기준은 다음과 같다.

교육과정 성취 기준	평가 기준	
[6사08-05] 지구촌의 주요 환경 문제를 조사하여 해결 방안을 탐색하고, 환경 문제 해결에 협력하는 세계시민의 자세를 기른다.	상	지구촌의 주요 환경 문제를 조사하여 합리적인 해결 방안을 제시하고, 환경 문제 해결을 위해 협력하는 세계시민의 자세를 설명할 수 있다.
	중	지구촌의 환경 문제를 조사하여 해결 방안을 제시하고, 환경 문제 해결에 협력하는 세계시민의 자세를 제시할 수 있다.
	하	지구촌의 주요 환경 문제와 그 문제 해결을 위한 세계시민의 자세가 중요함을 인식할 수 있다.

교육과정에서 연계 지도할 수 있는 페트병 활용법

현재 초등학교 교육과정에서는 6학년 실과 <2. 생활 속 친환경농업> 단원의 (2)생활 속의 농업 체험에서 페트병을 이용하여 공기 정화용 화분 만들기 활동이 나온다. 이 활동에서는 집에서 많이 사용 중인 1.5L 용량의 페트병을 잘라서 화분을 만든 다음 공기 정화 식물을 가꾸며 지속 가능한 생활을 실천할 수 있다. 6학년 실과 <5. 발명과 로봇> 단원의 (1)발명과 문제 해결에서 페트병 2개를 활용하여 창의적인 여행용 칫솔 가방을 만드는 활동을 한다.

초등학교 6학년 실과 단원의 성취 기준과 평가 기준은 다음과 같다.

교육과정 성취 기준		평가 기준
페트병으로 공기 정화용 화분 만들기 [6실04-02] 생활 속 식물을 활용 목적에 따라 분류하고, 가꾸기 활동을 실행한다.	상	생활 속 식물을 활용 목적에 따라 분류하고 자신의 상황에 맞는 식물을 선택하여 가꾸기 과정을 실행한 후 결과물을 다양한 방법으로 활용할 수 있다.
	중	생활 속 식물을 활용 목적에 따라 분류한 후 자신의 상황에 맞는 식물을 선택하여 가꾸기 과정을 실행할 수 있다.
	하	생활 속 식물을 활용 목적에 따라 분류할 수 있다.
페트병으로 여행용 칫솔 가방 만들기 [6실05-03] 생활 속에 적용된 발명과 문제 해결의 사례를 통해 발명의 의미와 중요성을 이해한다.	상	발명기법을 이해하고 일상생활 속에서 사용되는 물건을 찾아 적용된 발명기법을 설명한 후, 발명 아이디어를 제안할 수 있다.
	중	발명기법을 이해하고 일상생활 속에서 사용되는 물건을 찾아 적용된 발명기법을 설명할 수 있다.
	하	발명의 의미와 중요성을 말할 수 있다.

교육과정에서 연계 지도할 수 있는 일회용품 사용법

　현재 초등학교 교육과정에서는 3학년 1학기 국어과 <8. 의견이 있어요> 단원(5~6차시)의 글쓴이의 의견을 파악하는 방법 알기(226p~229p)에서 글쓴이의 의견을 생각하며 글 읽기, 글쓴이의 의견 파악하기, 우리가 할 수 있는 일 생각하기 순으로 활동한다. 이 차시에서는 커피 전문점의 일회용품 사용에 대한 금지 뉴스 영상을 제시하고, 학생들 스스로 일회용품을 줄이기 위한 방법을 찾아 글을 쓰고 발표하는 수업을 할 수 있다.

　6학년 2학기 사회과 <2. 통일 한국의 미래와 지구촌의 평화> 단원(18차시)의 환경을 생각하는 생산과 소비 생활 알아보기(147p~149p)에서 환경을 생각하는 생산 활동 알아보기, 친환경 상품의 생산과 소비 과정 알아보기 순으로 활동한다. 이 차시에서는 일회용품을 줄이기 위해 친환경 상품을 개발하여 생산하는 업체에 관해서 찾아보고, 친환경적 소비 생활을 하기 위해서 어떤 노력을 기울여야 하는지 생각하는 수업을 할 수 있다.

　5학년 2학기 실과과 <3. 똑소리 나는 나의 생활 자원 관리(3. 쾌적한 생활 공간 관리)> 단원(9~10차시)의 똑똑하게 버리고 알뜰하게 재활용해요(60p~63p)에서 쓰레기 줄이기의 중요성 알아보기, 쓰레기 분리배출 방법 알아보기, 재활용 방법 알아보기, 쓰레기 줄이기와 분리배출, 재활용의 좋은 점 알아보기 순으로 활동한다. 이 차시에서는 쓰레기를 줄이기 위해 일회용품을 줄이는 것이 필요하다는 것을 학생 스스로 깨닫고, 가정이나 학교에서 일회용품을 줄이기 캠페인 활동을 하고 실천 점검표를 작성하는 등의 활동을 수업에 적용할 수 있다.

　초등학교 4학년 국어과, 5학년 실과, 6학년 사회과 단원의 성취 기준과 평가 기준은 다음과 같다.

교육과정 성취 기준		평가 기준
[4국03-03] 관심 있는 주제에 대해 자신의 의견이 드러나게 글을 쓴다.	상	관심 있는 대상이나 사실에 대해 주장을 명확하게 제시하고, 타당한 근거가 다양하게 드러나도록 글을 쓸 수 있다.
	중	관심 있는 대상이나 사실에 대해 주장을 제시하고, 타당한 근거가 드러나도록 글을 쓸 수 있다.
	하	관심 있는 대상이나 사실에 대해 주장을 제시하고, 부분적으로 타당한 근거가 드러나도록 글을 쓸 수 있다.
[6실03-04] 쾌적한 생활 공간 관리의 필요성을 환경과 관련지어 이해하고 올바른 관리 방법을 계획하여 실천한다.	상	쾌적한 생활 공간 관리의 필요성을 바탕으로 환경을 생각하는 올바른 관리 방법을 탐색하여 실천할 수 있다.
	중	쾌적한 생활 공간 관리의 필요성을 환경과 관련지어 이해하고 올바른 관리 방법을 제안할 수 있다.
	하	생활 공간 관리의 개념을 설명하고, 생활 공간을 쾌적하게 관리해야 하는 이유를 설명할 수 있다.
[6사08-06] 지속 가능한 미래를 건설하기 위한 과제(친환경적 생산과 소비 방식 확산, 빈곤과 기아 퇴치, 문화적 편견과 차별 해소 등)를 조사하고, 세계시민으로서 이에 적극 참여하는 방안을 모색한다.	상	지속 가능한 미래를 건설하기 위한 과제(친환경적 생산과 소비 방식 확산, 빈곤과 기아 퇴치, 문화적 편견과 차별 해소 등)를 조사하고, 세계시민으로서 이에 적극 참여하는 과제별 실천 방안을 설명할 수 있다.
	중	지속 가능한 미래를 건설하기 위한 과제(친환경적 생산과 소비 방식 확산, 빈곤과 기아 퇴치, 문화적 편견과 차별 해소 등)를 조사하고, 세계시민으로서 참여할 수 있는 방안을 제시할 수 있다.
	하	지속 가능한 미래를 건설하기 위한 과제(친환경적 생산과 소비 방식 확산, 빈곤과 기아 퇴치, 문화적 편견과 차별 해소 등)가 있음을 알고, 세계시민으로서 참여해야 함을 인식할 수 있다.

[4과05-02] 식물의 생김새나 생활 방식이 환경과 관련되어 있음을 설명할 수 있다. <탐구 활동> 다양한 환경에 서식하는 식물의 생김새와 생활 방식 조사하기	상	다양한 환경에서 생활하는 식물의 생김새와 생활 방식을 조사하고 이들의 다름을 환경과 관련하여 설명할 수 있다.
	중	다양한 환경에서 생활하는 식물의 생김새와 생활 방식을 조사하고 이들의 다름을 설명할 수 있다.
	하	다양한 환경에 서식하는 식물의 생김새나 생활 방식을 말할 수 있다.
[6과 05-02] 비생물 환경 요인이 생물에 미치는 영향을 이해하여 환경과 생물 사이의 관계를 설명할 수 있다. <탐구 활동> 환경 요인이 생물에 미치는 영향 조사하기	상	빛, 온도, 물과 같은 비생물 환경 요인이 생물에 미치는 영향을 조사하여 환경과 생물 사이의 관계를 설명할 수 있다.
	중	빛, 온도, 물과 같은 비생물 환경 요인이 생물에 미치는 영향을 설명할 수 있다.
	하	비생물 환경 요인에는 빛, 온도, 물 등이 있음을 말할 수 있다.

교육과정에서 연계 지도할 수 있는 미세먼지

3학년 2학기 도덕과 마지막 단원인 <우리 모두를 위한 길>에서(122p~133p) 미세먼지 해결을 위해서 우리는 어떤 노력을 기울여야 할지 해결 계획을 세우고 실천 방법을 찾아보는 수업을 할 수 있다. 이 단원에서는 문제 상황 탐색하기, 문제 해결 계획 세우기, 문제 해결 실천하기, 문제 해결 활동 정리하기 순으로 활동한다. 황사와 미세먼지에 관한 주제로 환경신문 만들기 수업을 계획할 수 있다.

5학년 1학기 사회과 <1단원 국토와 우리 생활> (2)우리 국토의 자연환경에서 (16차시) 자연재해의 피해를 줄이기 위한 노력 알아보기(54p~58p)단원을 통해 황사와 미세먼지에 관한 내용으로 수업 주제를 변경하여 진행하면 된다. 황사와 미세먼지의 피해에 대해 알아보고, 황사와 미세먼지 발생 시 행동 요령을 살펴보고, 황사와 미세먼지를 개인·기업·국가 차원에서 알아보는 수업을 해 볼 수 있다.

초등학교 3학년 도덕과, 5학년 사회과 단원의 성취 기준과 평가 기준은 다음과 같다.

교육과정 성취 기준		평가 기준
[4도04-01] 생명의 소중함을 이해하고 인간 생명과 환경 문제에 관심을 가지며 인간 생명과 자연을 보호하려는 태도를 가진다.	상	생명의 소중함을 설명할 수 있고 인간 생명과 환경 문제에 대해 고민하며, 인간 생명과 자연을 보호하려는 책임감 있는 자세를 갖추고 실천한다.
	중	생명의 소중함을 파악할 수 있고 인간 생명과 환경 문제에 관심을 가지며, 인간 생명과 자연을 보호하려는 책임감 있는 자세를 가진다.
	하	생명의 소중함을 생각해 볼 수 있고 인간 생명과 환경 문제를 접해 보며, 인간 생명과 자연을 보호하려는 마음을 가진다.
[6사01-04] 우리나라 자연재해의 종류 및 대책을 탐색하고, 그와 관련된 생활 안전 수칙을 실천하는 태도를 지닌다.	상	우리나라 자연재해의 종류와 그에 따른 대책을 설명하고, 그와 관련된 생활 안전 수칙의 실천 방안을 제시할 수 있다.
	중	우리나라 자연재해의 종류와 그에 따른 대책을 열거하고, 관련된 생활 안전 수칙을 제시할 수 있다.
	하	우리나라 자연재해의 종류와 그에 따른 대책을 제시할 수 있다.

교육과정에서 연계 지도할 수 있는 기후 변화

우리 학교 교육과정에서 기후 변화에 대한 내용을 다루고 있는 교과를 찾아보면 다음과 같다.

5학년 1학기 사회과 <1단원 국토와 우리 생활> (2)우리 국토의 자연환경에서(11차시) 우리나라의 기후 살펴보기(36p~38p)단원을 통해 날씨와 기후의 차이을 알아보기, 우리나라의 기후를 탐색하기, 계절에 따른 사람들의 생활 모습을 알아보기, 따뜻해지는 지구 순으로 학습한다.

5학년 2학기 과학과 <3단원 날씨와 우리 생활>(9차시) 날씨는 우리 생활에 어떤 영향을 미칠까요?(64p~65p)단원에서 날씨와 관련된 경험 이야기하기, 나만의 날씨 지수 만들기, 날씨 지수를 확인하고 주말 계획 세우기 순으로 학습한다.

이 단원에서는 우리 나라의 날씨가 기후 변화의 영향으로 계절에 따라 어떤 변화가 있는지 알아보는 활동을 할 수 있다.

초등학교 5학년 사회과와 과학과 단원의 성취 기준과 평가 기준은 다음과 같다.

교육과정 성취기준		평가 기준
[6사01-03] 우리나라의 기후 환경 및 지형 환경에서 나타나는 특성을 탐구한다.	상	우리나라의 기후 환경 및 지형 환경의 특성에 대해 사례를 분석하여 설명할 수 있다.
	중	우리나라의 기후 환경 및 지형 환경의 특성을 설명할 수 있다.
	하	우리나라의 기후 환경 및 지형 환경을 구별하여 제시할 수 있다.

[6사01-04] 우리나라 자연재해의 종류 및 대책을 탐색하고, 그와 관련된 생활 안전 수칙을 실천하는 태도를 지닌다.	상	우리나라 자연재해의 종류와 그에 따른 대책을 설명하고, 그와 관련된 생활 안전 수칙의 실천 방안을 제시할 수 있다.
	중	우리나라 자연재해의 종류와 그에 따른 대책을 열거하고, 관련된 생활 안전 수칙을 제시할 수 있다.
	하	우리나라 자연재해의 종류와 그에 따른 대책을 제시할 수 있다.
[6과06-04] 계절별 날씨의 특징을 우리나라에 영향을 주는 공기의 성질과 관련 지을 수 있다.	상	계절별 날씨의 특징을 우리나라에 영향을 주는 공기의 성질과 관련지어 설명할 수 있다.
	중	계절별 날씨의 특징을 기온, 습도, 바람 등으로 구분하여 설명할 수 있다.
	하	계절별 날씨의 특징을 말할 수 있다.

교육과정에서 연계 지도할 수 있는 생태환경 시화집 출판하기

현재 초등학교 교육과정에서는 6학년 1학기 국어과 <1. 비유하는 표현>에 시 감상과 창작에 대한 수업이 나온다. 이 단원에서 학생들은 시에 나타난 비유하는 표현의 효과와 아름다움을 생각해 보고, 비유하는 표현을 살려 자신의 생각을 시로 표현해 본다. 이를 통해 문학 작품을 깊이 있게 이해하고, 문학 작품이 주는 아름다움을 느끼게 된다.

이 단원에서는 비유하는 표현의 좋은 점을 알고 시에서 비유하는 표현을 찾아 자신의 언어로 바꾸어 보는 활동과 비유하는 표현이 드러난 시를 직접 창작하고 시 낭송회 및 시화전을 열어 보는 활동을 다룬다. 이 단원의 선수 학습은 3학년 1학기 1단원 '감각적 표현의 재미를 느끼며 작품 읽기'와 연관되어 있다. 후속 학습으로는 6학년 2학기 1단원 '작품에 등장하는 인물의 삶을 이해하고 자신의 삶과 관련짓기' 활동을 한다.

초등학교 6학년 국어과 단원의 성취 기준과 평가 기준은 다음과 같다.

교육과정 성취 기준	평가 기준	
[6국05-03] 비유적 표현의 특성과 효과를 살려 생각과 느낌을 다양하게 표현한다.	상	비유적 표현의 특성과 효과를 살려 대상에 대한 생각과 느낌을 개성적이고 독창적으로 표현할 수 있다.
	중	비유적 표현의 특성과 효과를 살려 대상에 대한 생각과 느낌을 다양하게 표현할 수 있다.
	하	비유적 표현을 활용하여 생각과 느낌을 표현할 수 있다.

교육과정에서 연계 지도할 수 있는 생태환경 동화책 출판하기

현재 초등학교 교육과정에 따른 6학년 국어 1학기 <8. 인물의 삶을 찾아서'>에는 학생들이 이야기를 읽고 자신의 삶을 성찰하는 태도를 지니게 하는 것을 목적으로 한다. 학생들은 이 단원에서 이야기를 읽고 등장인물이 추구하는 삶을 파악하는 활동을 한다. 즉 등장인물이 처한 상황에서 하는 말이나 행동으로 인물이 추구하는 가치를 파악하고 자신의 삶과 관련지어 생각해 보도록 한다. 이 단원의 선수 학습은 4학년 2학기 6단원의 '전기문을 읽고 인물의 삶을 이해할 수 있다.'와 연관되어 있다. 이후 후속 학습은 6학년 2학기 1단원의 '작품에 등장하는 인물의 삶을 이해하고 자신의 삶과 관련지을 수 있다'와 연관되어 있다.

초등학교 6학년 국어과 단원의 성취 기준과 평가 기준은 다음과 같다.

교육과정 성취 기준		평가 기준
[6국05-06] 작품에서 얻은 깨달음을 바탕으로 하여 바람직한 삶의 가치를 내면화하는 태도를 지닌다.	상	작품에서 깨달은 바를 바탕으로 자신의 개인적 삶과 공동체적 삶을 성찰하고 바람직한 삶의 가치를 내면화하는 태도를 지닌다.
	중	작품에서 깨달은 바를 바탕으로 자신의 삶을 성찰하고 바람직한 삶의 가치를 내면화하는 태도를 지닌다.
	하	작품에서 깨달은 바를 바탕으로 자신의 삶을 성찰하려고 노력한다.
[6국05-02] 작품 속 세계와 현실 세계를 비교하며 작품을 감상한다.	상	작품에 그려진 세계를 현실 세계에 비추어 이해하고 평가하며 작품을 감상할 수 있다.
	중	작품 속 세계와 현실 세계의 공통점과 차이점에 주목하여 작품을 감상할 수 있다.
	하	작품 속 세계와 현실 세계가 다름을 알고 작품을 감상할 수 있다.

교육과정에서 연계 지도할 수 있는 생태환경 만화책 출판하기

현재 초등학교 교육과정에서는 3학년 미술 <2. 나만의 캐릭터 만들기>에서 4컷 만화 그리기를 경험할 수 있으며, <12. 이야기가 있는 작품> 단원에서 작품의 앞과 뒤의 장면을 상상하여 만화로 그리기가 있다. 4학년 미술 <4. 나도 만화가>에서도 만화를 그리는 과정을 배울 수 있다. 6학년 미술 <3. 이야기와 미술>에서 만화표현기법, 즉 말풍선 모양을 넣은 방법을 익힐 수 있다.

초등학교 3, 4, 6학년 미술과 단원의 성취 기준과 평가 기준은 다음과 같다.

교육과정 성취 기준		평가 기준
[4미02-03] 연상, 상상하거나 대상을 관찰하여 주제를 탐색할 수 있다.	상	관찰, 연상, 상상의 방법을 적절하게 활용하고 자신의 표현 주제를 적극적으로 탐색하여 나타낼 수 있다.
	중	관찰, 연상, 상상의 방법을 활용하고 자신의 표현 주제를 탐색하여 나타낼 수 있다.
	하	관찰, 연상, 상상의 방법으로 자신의 표현 주제를 탐색할 수 있음을 안다.
[4미02-04] 표현 방법과 과정에 관심을 가지고 계획할 수 있다.	상	자신의 작품 제작을 위한 표현 방법과 과정을 생각하며 자기 주도적으로 표현 활동을 계획할 수 있다.
	중	자신의 작품 제작을 위한 표현 방법과 과정을 생각하며 표현 활동을 계획할 수 있다.
	하	표현 방법과 과정을 생각하며 자신의 표현 활동을 계획해야 함을 안다.
[6미02-03] 다양한 자료를 활용하여 아이디어와 관련된 표현 내용을 구체화할 수 있다.	상	아이디어와 관련된 정보와 자료를 폭넓게 수집하고 적합한 것을 선택하여 표현할 내용을 구체화할 수 있다.
	중	아이디어와 관련된 정보와 자료를 수집하고 선택하여 표현할 내용을 구체화할 수 있다.
	하	아이디어와 관련된 정보와 자료를 수집하여 표현할 내용에 활용할 수 있다.

3. 생태환경 활동 관련 Q&A

Q1 생태환경 활동 유치원생도 가능할까요?

• 네, 유치원 학생들도 충분히 가능합니다.

• 유치원 교육과정에서 다양한 주제 중심으로 교육과정을 재구성하여 프로
젝트 수업을 계획하여 실행할 수 있습니다. 이 책의 내용을 활용하여 재미
있는 프로젝트 수업을 계획한 다음 학생들과 생태환경 탐사 활동을 체험해
보세요.

Q2 중학교나 고등학교에서의 생태환경은 어떤 방식으로 하나요?

• 중학교나 고등학교에서는 미술, 과학, 국어, 사회 등 교과 중심으로 생태환
경 교육을 재구성하여 운영할 수 있습니다.

• 특히, 중학교나 고등학교에서 환경동아리를 구성하여 운영하는 사례도 많
고, 창의적 체험 활동으로 생태환경 교육을 운영할 수도 있습니다.

Q3 프로젝트 수업은 꼭 큰 단위로 운영해야 하나요?

• 프로젝트 수업은 먼저 작은 단위의 프로젝트부터 실행하는 것을 추천합니다.
그리고 점차 프로젝트 단위를 크게 하는 방향으로 실행하기를 권합니다.

• 여기서 중요한 것은 프로젝트에 참여하는 학생이 프로젝트 계획 단계에 직
접 참여하는 것이 그렇지 않은 경우보다 프로젝트 실행 후 만족도가 높다

는 것입니다. 프로젝트 계획 단계에서 학생들의 의견을 충분히 반영하여 그들이 스스로 계획에 참여할 수 있도록 하면 좋습니다.

Q4 가장 쉽게 접근할 수 있는 생태환경 교육을 추천한다면

- 가정이나 학교 또는 기관에서 학생들을 대상으로 가장 쉽게 접근할 수 있는 생태환경 교육은 바로 '놀이를 통한 학습'입니다.
- 놀이는 학생들의 흥미를 자극하여 다음 활동에 대한 기대를 높여주므로, 다양한 생태환경 놀이와 함께 시작하면 좋을 것 같습니다.
- 여기서 놀이는 단순히 게임이 아니라, 생태환경의 주제를 담은 내용이어야 합니다.

참고자료

1. 교육부(2016). 2015 개정 교육과정 총론 해설: 초등학교, p.39.

2. 김경원외 2명(2012). 행복한 가르침과 배움이 있는 리얼!! 프로젝트 학습. 상상채널

3. 이재호(2019). 미래인재의 핵심 역량 향상을 위한 교육과정 연구. 창의정보문화연구 5(2)

4. 김유경(2017). 4C 핵심역량(Convergence, Creativity, Communication, Caring)과 통일 의식 증진을 위한 STEAM 수업의 개발 및 적용. 이화여자대학교 석사학위 논문

5. 김명숙(2001). 사고력 검사 개발 연구(I) 비판적 사고력 검사 예비 문항 개발편. 한국 교육과정평가원

6. 정민희(2019). 짝 프로그래밍을 활용한 하브루타 기반 프로그래밍 수업 설계 및 적용: 초등학생의 창의적 문제해결력과 협력능력 중심으로. 경인교육대학교 석사학위논문

7. 서울특별시교육연구정보원(2015). 마을결합형학교의 개념과 유형화 연구. 2015정책 개발 현안 과제 보고서

8. 경기도교육연구원(2017). 학습생태계확장을 위한 마을교육과정의 개념과 실천방안. 현안보고 2017-11

9. 서울특별시 강서양천교육지원청(2018). 강서양천 마을과 함께 하는 학교교육과정

10. 한국교육개발원(2017). 프로젝트 수업 사례를 통한 프로젝트 수업의 의미 탐색. 한 국교육, 44(1)

11. 이옥주(2012). 협력적 프로젝트 교수-학습 방법이 예비유아교사의 자기효능감에 미치는 영향. 한국교원교육연구, 29(2)

12. 김영미(2016). 창의융합역량향상을 위한 프로젝트 수업 모형개발. 한국정보통신학회논문지, 20(11), 2172~2180

13. U.S. Department of Education Office on Planning, Evaluation, and Policy Development(2010). Evaluation of Evidence-Based Practices in Online Learning

14. 서용선(2016). 마을교육공동체란 무엇인가?. 살림터

15. 조현(2019). 우린 다르게 살기로 했다. 휴

16. 안만홍(2017). 에코 산책 생태교육. 맘에 드림

17. 윤구병외1명(2008). 꼬물꼬물 일과 놀이 사전. 보리

18. 이현아(2020). 그림책 한 권의 힘. 카시오페아

포스트 코로나 시대, 필수 미래교육

얘들아, 생태환경 놀이 가자!

초판 1쇄 발행	2021년 9월 15일
초판 3쇄 발행	2022년 6월15일
지은이	김용만
펴낸이	신호정
편집	전유림
마케팅	이혜연
편집디자인	이지숙
표지일러스트	이이오
펴낸곳	책장속북스
신고번호	제 2020-000111호
주소	서울시 송파구 양재대로 71길 16-28 원당빌딩 4층
대표번호	02)2088-2887
팩스	02)6008-9050
인스타그램	@chaegjang_books
이메일	chaeg_jang@naver.com
ISBN	979-11-91836-02-8 (03370)

● 잘못된 책은 구입한 서점에서 바꾸어 드립니다.
● 이 책은 저작권법에 따라 보호받는 저작물이므로, 이 책 내용의 일부 또는 전부를 이용하려면
  반드시 저작권자와 책장속북스의 서면 동의를 받아야 합니다.
● 책값은 뒤표지에 있습니다.